Lei Geral de Proteção de Dados Pessoais (LGPD)

www.saraivaeducacao.com.br
Visite nossa página

Tarcisio Teixeira   Ruth Maria Guerreiro

Lei Geral de Proteção de Dados Pessoais (LGPD)

Comentada artigo por artigo

4ª edição
2022

Av. Paulista, 901, 4º andar
Bela Vista – São Paulo – SP – CEP 01310-100

SAC sac.sets@saraivaeducacao.com.br

DADOS INTERNACIONAIS DE CATALOGAÇÃO NA PUBLICAÇÃO (CIP)
VAGNER RODOLFO DA SILVA - CRB-8/9410

T266l Teixeira, Tarcisio
Lei Geral de Proteção de Dados Pessoais: comentada artigo por artigo / Tarcisio Teixeira, Ruth Maria Guerreiro. - 4. ed. - São Paulo : SaraivaJur, 2022.
248 p.
ISBN: 978-65-5559-900-8 (impresso)
1. Direito. 2. Direito digital. 3. Lei Geral de Proteção de Dados Pessoais. 4. LGPD. 5. Lei 13.709. I. Ruth Maria Guerreiro. II. Título.

CDD 340.0285
2022-2168   CDU 34:004

Índices para catálogo sistemático:
1. Direito digital   340.0285
2. Direito digital   34:004

Diretoria executiva	Flávia Alves Bravin
Diretoria editorial	Ana Paula Santos Matos
Gerência editorial e de projetos	Fernando Penteado
Gerência editorial	Thais Cassoli Reato Cézar
Novos projetos	Aline Darcy Flôr de Souza
	Dalila Costa de Oliveira
Edição	Jeferson Costa da Silva (coord.)
	Daniel Pavani Naveira
Produção editorial	Daniele Debora de Souza (coord.)
	Rosana Peroni Fazolari
Arte e digital	Camilla Felix Cianelli Chaves
	Claudirene de Moura Santos Silva
	Deborah Mattos
	Guilherme H. M. Salvador
	Tiago Dela Rosa
Projetos e serviços editoriais	Daniela Maria Chaves Carvalho
	Emily Larissa Ferreira da Silva
	Kelli Priscila Pinto
	Klariene Andrielly Giraldi
Diagramação	Fabricando Ideias Design Editorial
Revisão	Rita Sorrocha
Capa	Deborah Mattos
Produção gráfica	Marli Rampim
	Sergio Luiz Pereira Lopes
Impressão e acabamento	Gráfica Paym

Data de fechamento da edição: 16-08-2022

Dúvidas? Acesse www.saraivaeducacao.com.br

Nenhuma parte desta publicação poderá ser reproduzida por qualquer meio ou forma sem a prévia autorização da Saraiva Educação. A violação dos direitos autorais é crime estabelecido na Lei n. 9.610/98 e punido pelo art. 184 do Código Penal.

CL 607818   CAE 807641

SUMÁRIO

Nota ao Leitor.. 11
Prefácio.. 13
Apresentação... 19

Parte I
PROTEÇÃO DE DADOS NO EXTERIOR

Europa (GDPR – *General Data Protection Regulation*)................ 27
Estados Unidos.. 32

Parte II
COMENTÁRIOS À LEI N. 13.709, DE 14 DE AGOSTO DE 2018

Lei Geral de Proteção de Dados Pessoais (LGPD)........................ 37

Capítulo I – Disposições Preliminares... 37
Art. 1º... 37
Art. 2º... 42
Art. 3º... 47
Art. 4º... 50
Art. 5º... 55
Art. 6º... 63

5

Capítulo II – Do Tratamento de Dados Pessoais 70

Seção I – Dos requisitos para o tratamento de dados pessoais 70

Art. 7º 70

Art. 8º 77

Art. 9º 82

Art. 10 85

Seção II – Do tratamento de dados pessoais sensíveis 88

Art. 11 88

Art. 12 95

Art. 13 97

*Seção III – Do tratamento de dados pessoais
de crianças e de adolescentes* 99

Art. 14 99

Seção IV – Do término do tratamento de dados 104

Art. 15 104

Art. 16 106

Capítulo III – Dos Direitos do Titular 108

Art. 17 108

Art. 18 111

Art. 19 114

Art. 20 116

Art. 21 119

Art. 22 120

Capítulo IV – Do Tratamento de Dados Pessoais pelo Poder Público 121

Seção I – Das regras 121

Art. 23 121

Art. 24 125

Art. 25 127

Art. 26 128

Art. 27 130

Art. 28 131

Art. 29 131

Art. 30 132

Seção II – Da responsabilidade *132*

Art. 31 .... *132*

Art. 32 133

Capítulo V – Da Transferência Internacional de Dados 134

Art. 33 134

Art. 34 138

Art. 35 140

Art. 36 142

Capítulo VI – Dos Agentes de Tratamento de Dados Pessoais 143

Seção I – Do controlador e do operador *143*

Art. 37 143

Art. 38 144

Art. 39 148

Art. 40 151

Seção II – Do encarregado pelo tratamento de dados pessoais *152*

Art. 41 152

Seção III – Da responsabilidade e do ressarcimento de danos *156*

Art. 42 156

Art. 43 160

Art. 44 162

Art. 45 163

Capítulo VII – Da Segurança e das Boas Práticas 165

Seção I – Da segurança e do sigilo de dados *165*

7

Art. 46 165
Art. 47 168
Art. 48 170
Art. 49 172

Seção II – Das boas práticas e da governança *174*

Art. 50 174
Art. 51 177

Capítulo VIII – Da Fiscalização **178**

Seção I – Das sanções administrativas *178*

Art. 52 178
Art. 53 183
Art. 54 184

**Capítulo IX – Da Autoridade Nacional de Proteção de Dados (ANPD)
e do Conselho Nacional de Proteção de Dados Pessoais e da
Privacidade** **185**

Seção I – Da Autoridade Nacional de Proteção de Dados (ANPD) *185*

Art. 55 185
Art. 55-A 185
Art. 55-B 187
Art. 55-C 187
Art. 55-D 188
Art. 55-E 189
Art. 55-F 190
Art. 55-G 190
Art. 55-H 191
Art. 55-I 191
Art. 55-J 192
Art. 55-K 197
Art. 55-L 198
Art. 56 199

Art. 57 199

Seção II – Do Conselho Nacional de Proteção de Dados Pessoais e da Privacidade 199

Art. 58 199
Art. 58-A 199
Art. 58-B 200
Art. 59 201

Capítulo X – Disposições Finais e Transitórias 201

Art. 60 201
Art. 61 202
Art. 62 203
Art. 63 204
Art. 64 206
Art. 65 206

ANEXOS 211

Razões do Presidente da República para os vetos à Lei n. 13.706/2018 ... 211
Mensagem n. 451, de 14 de agosto de 2018. 211

Razões do Presidente da República para os vetos à Lei n. 13.853/2019 (conversão da Medida Provisória n. 869/2018) 221
Mensagem n. 288, de 8 de julho de 2019. 221

MODELOS 227

Termo de privacidade e consentimento livre e esclarecido (*template*) ... 227
Política de Privacidade 237

Referências 243

NOTA AO LEITOR

A proteção de dados é o grande tema no cenário brasileiro e mundial para os próximos anos, tendo em vista a promulgação da LGDP – Lei Geral de Proteção de Dados Pessoais (Lei n. 13.709, de 14 de agosto de 2018), a legislação europeia de 2018 e a posição dos Estados Unidos sobre a matéria; bem como pela expansão do comércio eletrônico, das redes sociais, dos *blogs*, *sites* e plataformas digitais, da internet das coisas, da inteligência artificial, entre outros.

No ambiente brasileiro a temática, e este livro por consequência, será extremamente relevante a todas as instituições, públicas e privadas, que precisarão se adaptar à lei, o que vai demandar informação e formação jurídica das pessoas envolvidas.

Frise que a lei brasileira que tutela os dados pessoais em boa medida é fruto da legislação europeia, sendo por isso necessário situar o leitor quanto a esse aspecto, para tanto remetemos o leitor para a parte deste livro que trata da proteção de dados na Europa e nos Estados Unidos.

Mas podemos aqui antecipar que foi a legislação europeia, o GDPR – Regulamento Geral de Proteção de Dados (Regulamento n. 2016/679), o grande fator propulsor da aprovação da legislação brasileira, que tramitava há algum tempo no Congresso, mas que sentiu a urgência de ser editada ante o receio plenamente justificável de se barrarem consideráveis operações comerciais devido à falta de equivalência entre as normas protetivas da União Europeia e do Brasil.

O que se pretendeu trazer à tona com os comentários deste livro é a oportunidade de discutir tema tão relevante diante da sanção da LGPD, trazendo aos brasileiros uma mudança de paradigma no que diz respeito aos seus dados pessoais.

Cabe lembrar que alguns dispositivos da LGPD foram vetados pelo Presidente da República, especialmente aqueles relacionados à Autoridade Nacional de Proteção de Dados (ANPD) e ao Conselho Nacional de Proteção de Dados Pessoais e da Privacidade. Por conta disso, houve a edição da Medida Provisória n. 869/2018, que após tramitação e aprovação no Congresso Nacional foi convertida na Lei n. 13.853/2019, a qual alterou a Lei n. 13.709/2018, criando assim a ANPD e referido Conselho, sem prejuízo de outras disposições.

A promulgação da lei elevou o patamar do país no que tange à proteção de dados, mas somente com a sua eficácia plena será possível começar a sentir os efeitos da imposição legal. A exemplo do que ocorreu com o Código de Defesa do Consumidor, que forçosamente fez as empresas cumprirem suas determinações após uma "chuva" de demandas judiciais, não dá para se esperar algo diferente com a LGPD.

No mais, a construção das ideias em um livro, bem como a sua revisão, que nunca é a última, sempre pode ser aperfeiçoada; logo, será bastante gratificante poder contar com sugestões e críticas dos leitores, as quais podem ser enviadas para o *e-mail* tarcisio@privacidadegarantida.com.br.

PREFÁCIO

Não é de hoje que o meu colega e professor Tarcisio Teixeira vem se dedicando a estudar e a escrever sobre os problemas jurídicos decorrentes do uso da tecnologia da informação. Lembro-me de ele ter me contado que seu interesse teria iniciado a partir do momento em que passou a assistir – ainda que como mero aluno ouvinte, em 2002 – às minhas aulas na cadeira, mais tarde, intitulada Direito do Espaço Virtual (criada por mim em 2000), no âmbito do programa de pós-graduação *stricto sensu* da Faculdade de Direito da USP.

Foi nessa mesma instituição – situada no imorredouro Largo São Francisco – que Tarcisio Teixeira obteve o título de mestre e doutor em Direito Comercial, tendo eu participado de sua banca de mestrado, na qual ele obteve aprovação por unanimidade. Além disso, por iniciativa dele mesmo, logo passou a me auxiliar na referida cadeira.

Outrora meu pupilo, Tarcisio Teixeira vem, atualmente, formando seu próprio "time" acadêmico. Neste livro, ele faz parceria com Ruth Maria Guerreiro da Fonseca Armelin, advogada dedicada ao estudo da proteção de dados, sobretudo no âmbito da legislação europeia e, mais recentemente, da brasileira, a partir da Lei Geral de Proteção de Dados Pessoais (Lei n. 13.709/2018).

Ambos comentaram uma lei sem precedentes em território pátrio, pois quase nenhum material que pudesse dar um suporte seguro aos autores havia sido produzido no País, implicando, portanto, árdua missão, de um lado.

De outro lado, "quem vem na frente bebe água limpa", ou seja, os comentários por eles efetuados no decorrer do livro poderão servir de paradigma e de suporte para a formação da doutrina acerca da proteção de dados, bem como auxiliar na fundamentação das decisões judiciais e/ou administrativas que advirão da aplicação da Lei n. 13.709/2018.

Entretanto, com simplicidade, os autores não se subtraíram a fundamentar – sempre que cabíveis – seus comentários a partir da experiência estrangeira, sobretudo a partir da legislação europeia, sem prejuízo do cotejamento com outras normas jurídicas vigentes no Brasil, como o Marco Civil da Internet (Lei n. 12.965/2014) e o Código de Defesa do Consumidor (Lei n. 8.078/90).

Especificamente sobre a União Europeia, entrou em vigor em 25 de maio de 2018 o Regulamento Geral de Proteção de Dados (Regulamento n. 2016/679), valendo destacar que a matéria já era objeto de disciplina desde meados da década de 1990, por meio da Diretiva n. 95/46/CE, ora revogada pelo Regulamento n. 2016/679. Foi a partir desse contexto de uma nova legislação europeia sobre proteção de dados que o Brasil se viu obrigado a finalmente aprovar sua Lei Geral de Proteção de Dados Pessoais.

No Brasil, a Lei n. 13.709, de 14 de agosto de 2018 (Lei Geral de Dados Pessoais), abre seu texto com algumas disposições preliminares (arts. 1º a 6º); em seguida, estabelece um regime jurídico para o tratamento de dados pessoais (arts. 7º a 16). Nesta parte, o legislador trata dos requisitos para o tratamento de dados pessoais, definindo o que são dados sensíveis, bem como dispondo sobre dados referentes a crianças e adolescentes.

Também, a Lei Geral de Dados Pessoais cuida dos direitos do titular dos dados (arts. 17 a 22), do tratamento dos dados pelo Poder Público (arts. 23 a 32), da transferência internacional de dados (arts. 33 a 36). Posteriormente, o legislador discorre sobre os agentes de tratamento de dados (arts. 37 a 45), em que define as figuras do controlador, operador e encarregado pelo tratamento de dados, bem como as respectivas responsabilidades. Ainda, a Lei n. 13.709/2018 traz em seu texto aspectos quanto à segurança, ao sigilo, às boas práticas e à governança (arts. 46 a 51), à fiscalização e às sanções administrativas (arts. 52 a 54); ficando as disposições transitórias redigidas nos arts. 60 a 65.

Assinalo, adicionalmente, que o Poder Executivo editou, no dia 28 de dezembro de 2018, a Medida Provisória n. 869/2018[1], que alterou a LGPD, dispondo sobre a proteção de dados pessoais, criando a Autoridade Nacional de Proteção de Dados e dando outras providências. Foi a última medida importante tomada pelo então presidente Michel Temer, que houvera estabelecido o veto, não por ser contrário à criação da referida Autoridade Nacional de Proteção de Dados, por ele tida como necessária, mas em razão de ser competência do Poder Executivo, e não do Legislativo, a criação de Órgão. As razões do veto presidencial relativas a esse ponto específico foram: "Os dispositivos incorrem em inconstitucionalida-

---

1   Após tramitação e aprovação no Congresso Nacional, a MP n. 869/2018 foi convertida na Lei n. 13.853/2019.

de do processo legislativo, por afronta ao art. 61, § 1º, II, *e*, cumulado com o art. 37, XIX, da Constituição".

Tais dispositivos estabelecem, de um lado, ser de competência privativa do Presidente da República a iniciativa de leis que disponham sobre "criação, estruturação e atribuições dos Ministérios e órgãos da administração pública" (art. 61, § 1º, II, *e*) e, de outro, que "somente por lei específica poderão ser criadas empresa pública, sociedade de economia mista, autarquia e fundação pública" (art. 37, XIX). Ainda que a cumulação referida nas razões do veto com esse art. 37, XIX, pudesse ser questionada, já que se tratava, no caso, de "lei específica", o fato é que a aplicação do art. 61, § 1º, II, *e*, é absolutamente incontroversa, não tendo o Congresso Nacional tentado derrubar o veto do Presidente da República.

A despeito de ser possível destacar alguns pontos específicos da Lei n. 13.709/2018 – reputados, por mim, como de considerável complexidade –, prefiro ressaltar que, na realidade, essa disciplina normativa é por demais complexa, tendo em vista a delicadeza da temática, bem como as várias definições existentes e pormenores de variada espécie; sem prejuízo dos inúmeros interesses dos agentes do mercado nela envolvidos. Mas um aspecto legal que salta aos olhos é o do "consentimento" do titular do dado para que este possa ser objeto de tratamento. Para se ter uma ideia da preocupação do legislador, a palavra "consentimento" aparece trinta e cinco vezes na redação atual da lei.

No mais, prefaciar ou apresentar livros ou pessoas não é algo tão singelo quanto possa parecer à primeira vista; mas, pior ainda, é comentar uma lei, trabalho que se afigura por demais tormentoso, máxime quando se pensa em algumas dezenas de artigos, com seus inúmeros parágrafos. Há quem pense, até mesmo – e conheço alguns professores de Direito que adotam tal julgamento –, que meros comentários de leis não passam de tarefas próprias de leigos. Permito-me discrepar desse respeitável ponto de vista. Desde que os intérpretes das normas utilizem-se de adequados métodos de interpretação, procurando o real sentido e alcance das disposições legais, como terá ocorrido na presente obra, penso que estarão dando importante contribuição a todos.

Newton De Lucca

Mestre, Doutor, Livre-Docente, Adjunto e Titular da Faculdade de Direito da Universidade de São Paulo. Desembargador Federal do TRF da 3ª Região e Presidente eleito para o biênio 2012/2014. Membro da Academia Paulista dos Magistrados. Membro da Academia Paulista de Direito.

APRESENTAÇÃO

O tema "proteção de dados pessoais" recebe destaque na sociedade, bem como nas pesquisas jurídicas há tempos. Desde a década de 1970, diversos países já começaram a regular a matéria, como é o caso da Alemanha, quando, em 30 de setembro de 1970, em Wiesbaden, o Parlamento de Hessian aprovou a inédita prospecção legislativa sobre os dados pessoais, que motivou a primeira onda de regulações pela Europa: da Suécia, em 1973, à Dinamarca, Noruega e França, em 1978[1]. Essas leis são consideradas o ponto de partida para todo o modelo europeu que se consolidou com a Diretiva n. 95/46/CE, que, em virtude da evolução tecnológica e da crescente monetização dos dados pessoais, foi substituída pelo Regulamento Geral de Proteção de Dados Pessoais da União Europeia de 2016/679 – GDPR, em vigor a partir de 25 de maio de 2018.

No Brasil, a disciplina jurídica aplicada aos dados pessoais estava esparsa em diversas leis, comprometendo a ideia de um

---

1 SCHWARTZ, Paul M. The EU-U.S. Privacy Collision: a turn to institutions and procedures. In: *Harvard Law Review*, v. 126, p. 1966-2009. Cambridge, Massachusetts: Harvard University Press, 2013, p. 1969-1970.

"sistema protetivo dos dados pessoais". Como explica Claus Wilhelm Canaris[2], a ideia de sistema jurídico se estabelece a partir de duas características, quais sejam, a *de ordenação e a da unidade*. Portanto, todas as leis sobre proteção de dados pessoais devem estar ordenadas a compor uma unidade para maior efetividade das normas, garantindo-se o direito fundamental à proteção dos dados pessoais. Alguns exemplos dessas leis: CF/88, art. 5º, que, no inciso X, tutela a intimidade e a vida privada, e inciso LXXII, que garante o direito ao conhecimento de informações relativas à pessoa do impetrante, bem como retificar os dados; Lei de Acesso à Informação (Lei n. 12.527/2011), que trouxe o conceito de dado pessoa no art. 4º, inciso IV, e determinou que o tratamento das informações pessoais deva ser feito de forma transparente e com respeito à intimidade, vida privada, honra e imagem (art. 31); Código de Defesa do Consumidor (Lei n. 8.078/90), notadamente arts. 43 e 44, quanto aos bancos de dados e cadastros de consumidores, impondo aos fornecedores a comunicação aos consumidores, além do direito de corrigir as informações que lhes digam respeito; CC/2002 (arts. 11 e s.) ao tratar dos direitos de personalidade, em elenco exemplificativo, estendendo a proteção prevista no art. 12 à tutela dos dados pessoais; e o Marco Civil da Internet (Lei n. 12.965/2014) ao estabelecer a proteção dos dados pessoais, na forma da lei, como um princípio do uso da internet, disciplinando parcialmente o tema ao assegurar como direito no art. 7º, VII a X, a especificação da finalidade para a coleta, o uso e o compartilhamento dos dados pessoais, condicionando ao consentimento expresso pelo titular dos dados.

---

2   *Pensamento sistemático e conceito de sistema na ciência do Direito.* 3. ed. Introdução e tradução de A. Menezes Cordeiro. Lisboa: Fundação Calouste Gulbenkian, 2002. p. 12-14.

Com a aprovação da Lei Geral de Proteção de Dados Pessoais (LGPD), Lei n. 13.709/2018, o Brasil inaugura o que se pode denominar "sistema protetivo dos dados pessoais". Essa lei deve ser entendida como tal, pois estabelece princípios que devem nortear a coleta, o compartilhamento e o tratamento dos dados pessoais, direitos básicos dos titulares dos dados pessoais, obrigações impostas aos controladores e responsáveis pelo tratamento de dados pessoais. Portanto, a LGPD não afasta a aplicação dos dispositivos legais *supramencionados*, o que se comprova pelo art. 45 ao estabelecer a aplicação do Código de Defesa do Consumidor.

Diante da novidade legislativa brasileira, a obra que ora se apresenta servirá, por certo, para aplacar a sensação de insegurança jurídica quanto à aplicação da lei. Portanto, os autores, Tarcisio Teixeira e Ruth Maria Guerreiro da Fonseca Armelin, pesquisadores especializados nos estudos sobre novas tecnologias, enfrentaram o desafio de explicar a LGPD, comentando artigo por artigo. Com uma linguagem simples e uma visão prática do tema, os autores não deixaram de analisar diversos aspectos com profundidade, como o impacto das tecnologias denominadas *Big Data* e o padrão designado como *Privacy by Default* e *Privacy by Design* para criar um ambiente efetivamente seguro e adequado à proteção dos dados pessoais.

Portanto, certamente, este livro irá contribuir em muito não só para os profissionais do Direito, mas em função de sua análise interdisciplinar, também servirá para nortear os que atuam em outras áreas, tais como tecnologia, economia, administração, empresarial, dentre outros. Com destaque, os autores oferecem modelos de "termo de privacidade e consentimento livre e esclarecido, política de privacidade e termos de uso".

Importante destacar a natureza jurídica desses termos de uso, para analisar quais os efeitos jurídicos quanto às pessoas que acessam uma determinada página de internet. Trata-se de instrumentos jurídicos que se aproximam das denominadas "condições gerais à contratação", entendidas como o elenco de cláusulas contratuais pré-elaboradas por uma das partes contratantes, que replica para diversos outros, podendo estar ou não inserida no contrato firmado entre as partes, são impostas unilateralmente por um dos contraentes a fim de que possa reger a relação contratual[3].

Portanto, geralmente, os termos de uso e políticas de privacidade são disponibilizados no formato "*browsewrap*", também denominado "*webwrap*"[4], isto é, o responsável pela página na internet elabora unilateralmente os termos e os disponibilize no canto inferior da página em um *hyperlink,* que deve ser acessado pelo usuário para tomar conhecimento do conteúdo destes termos[5].

Nesse sentido, deve-se atentar ao disposto no art. 46 do Código de Defesa do Consumidor, que determina que os contratos não obrigarão os consumidores que não tiveram conhecimento. Por isso, as práticas comerciais devem adotar uma disponibilização dos termos de uso de maneira clara e facilmente identificável, podendo

---

3   MARQUES, Cláudia Lima. *Contratos no Código de Defesa do Consumidor.* 4. ed. São Paulo: Revista dos Tribunais, 2002. p. 66-67.

4   FEMMINELLA, Jennifer. Online Terms and Conditions Agreements: Bound by the Web. In: *St. John's Journal of Legal Commentary,* v. 17 (17 St. John's J.L. Comm. 87), inverno de 2003. [documento em meio eletrônico, sem paginação].

5   BLOCK, Drew. 227 Caveat Surfer: Recent Developments in the Law Surrounding Browse-Wrap Agreements, and the Future of Consumer Interaction With Websites. In: *Loyola Consumer Law Review,* v. 14 (14 Loy. Consumer L. Rev. 227), 2002. [documento em meio eletrônico, sem paginação]: "Generally, they are found in small print hyperlinks at the bottom of home pages, and these hyperlinks generally link to another page that lays out the terms of use for the particular website".

ser acessado sempre que necessário, bem como impresso ou salvo para futuras consultas pelos consumidores.

Quanto a isso, a LGPD destaca uma série de cláusulas e regras para a elaboração desses "termos de uso", sendo que os autores, nesta obra, apresentam uma colaboração às pessoas que têm um *site*, para que possam adequar suas respectivas "políticas de privacidade" aos ditames legais.

Os autores vão além ao comentar o veto presidencial por ocasião da aprovação da lei, que eliminou do texto original os arts. 55 e seguintes referentes à Autoridade Nacional de Proteção de Dados Nacionais (ANPD) e ao Conselho Nacional de Proteção dos Dados Pessoais. Entretanto, esses órgãos são fundamentais para a eficácia da LGPD. Assim, em dezembro de 2018, o órgão foi criado pela Medida Provisória n. 869[6], ora em discussão no Congresso Nacional para sua conversão em lei[7].

Nota-se que, sem esse órgão, o *enforcement* da LGPD ficaria extremamente comprometido, na medida em que para a concretização dos princípios e direitos, bem como fiscalização da observância da lei e o cumprimento das obrigações dos controladores e responsáveis, a atuação independente da ANPD é fundamental.

Esse órgão se destaca por diversas funções de natureza regulatória, fiscalizatória e sancionatória. Aqui cabe destacar alguns aspectos dessa atuação: 1) regulatório: a ANPD tem um papel rele-

---

6   Posteriormente à tramitação e à aprovação no Congresso Nacional, a MP n. 869/2018 foi convertida na Lei n. 13.853/2019.

7   Sobre esse tema cf. LIMA, Cíntia Rosa Pereira de. *A imprescindibilidade de uma entidade de garantia para a efetiva proteção dos dados pessoais no cenário futuro do Brasil.* Tese de Livre Docência apresentada à Faculdade de Direito de Ribeirão Preto, Universidade de São Paulo. Ribeirão Preto, 2015.

vante para editar normas e procedimentos sobre a proteção de dados pessoais (art. 55-J, II), além de analisar os "Códigos de Boas Práticas" (art. 50, § 3º), podendo definir os padrões técnicos a serem adotados (art. 51); 2) fiscalizatório: nos termos do art. 55-J, IV, a ANPD pode requisitar informações, a qualquer momento, aos controladores e operadores de dados pessoais; e 3) sancionatório: apurada alguma infração às regras da LGPD, decorrente do poder de polícia[8], é possível a aplicação de multa consoante o art. 55-J, VI. Essa última atribuição da ANPD tem suscitado muitos questionamentos para que não seja fator de insegurança e instabilidade para as empresas que atuam no capitalismo informacional.

Por fim, quanto aos aspectos relacionados à circulação transfronteiriça dos dados pessoais, o modelo estabelecido na União Europeia é a partir do juízo de adequação. Em outras palavras, os dados pessoais de europeus somente podem ser enviados para países que tenham um nível adequado aos padrões europeus de proteção de dados pessoais. De sorte que o Brasil conta com uma lei de proteção de dados pessoais inspirada no modelo europeu, o que se concretizará com a criação da ANPD e sua implantação e atuação de maneira independente, o que colaborará positivamente para a inserção do Brasil no capitalismo informacional.

Dada a relevância da matéria e a seriedade da abordagem feita pelos autores, a obra *Lei Geral de Proteção de Dados Pessoais comen-*

---

8   Na Doutrina do Direito Administrativo, conforme o sentido clássico, "poder de polícia" é a atividade estatal que limita o exercício dos direitos individuais em benefício da segurança. Modernamente, entende-se que essa atuação deve-se nortear em benefício do interesse público. DI PIETRO, Maria Sylvia Zanella. *Direito administrativo.* 12. ed. São Paulo: Atlas, 2000. p. 110. Seja em um sentido ou no outro, a proteção dos dados pessoais é necessária para a segurança de todos, o que já por si é um interesse público, justificando a atuação do Estado nessa área.

tada artigo por artigo irá contribuir concretamente para o avanço no estudo do tema, além de dirimir dúvidas importantes em diversos setores da sociedade por ocasião da implementação da LGPD.

Cíntia Rosa Pereira de Lima

Professora Associada de Direito Civil da Faculdade de Direito de Ribeirão Preto (USP). Doutora em Direito Civil pela Faculdade de Direito da USP com estágio na Ottawa University (Canadá) com bolsa CAPES/PDEE – Doutorado Sanduíche e livre-docente em Direito Civil Existencial e Patrimonial pela Faculdade de Direito de Ribeirão Preto (USP). Pós-Doutora em Direito Civil na Università degli Studi di Camerino (Itália) com fomento FAPESP e CAPES. Líder dos Grupos de Pesquisa (CNPq): Tutela jurídica dos dados pessoais na internet (http://dgp.cnpq.br/dgp/espelhogrupo/4485179444454399) e Observatório do Marco Civil da Internet no Brasil (http://dgp.cnpq.br/dgp/espelhogrupo/2215582162179038).

Parte I
Proteção de Dados no Exterior

Europa (GDPR – *General Data Protection Regulation*)

A União Europeia há muitos anos tem um olhar atento à proteção de dados, o que culminou com a promulgação do Regulamento n. 2016/679 (GDPR – *General Data Protection Regulation*; em português, Regulamento Geral de Proteção de Dados).

O GDPR teve sua eficácia plena (vigência) em 25 de maio de 2018, após 24 meses de sua publicação (*vacacio legis*), fruto de um longo processo de negociações e emendas que tomou quatro anos até culminar no texto final para aprovação do regulamento, trazendo à tona importantes discussões e preocupações à Europa e a todos os países que de alguma forma com ela se relacionam, não só devido à relevante unificação da legislação de proteção de dados europeia, como também pelas rigorosas sanções que ali estão previstas. A finalidade primordial do GDPR foi a de harmonizar as leis de privacidade de dados em todos os Estados-Membros da União Europeia.

O regulamento europeu revogou a Diretiva n. 95/46/CE, um amplo texto legal sobre proteção de dados, que trazia princípios, direitos e deveres dos titulares de dados, além de outras diretivas gerais aos países-membros para que adequassem suas legislações internas. A Diretiva n. 95/46/CE foi aprovada em 24 de outubro de 1995, mas só entrou em vigor três anos depois. Esta diretiva também exigia que cada país-membro europeu tivesse uma agência ou comissário de proteção de dados, este último um agente estatal que supervisione a aplicação dos princípios e leis de proteção à privacidade individual[1].

A edição do GDPR decorre ainda dos poderes conferidos pelo art. 16 do Tratado sobre o Funcionamento da União Europeia, pelo qual, por considerar que "todas as pessoas têm direito à proteção dos dados de caráter pessoal que lhes digam respeito" (inciso 1), dispõe que "O Parlamento Europeu e o Conselho, deliberando de acordo com o processo legislativo ordinário, estabelecem as normas relativas à proteção das pessoas singulares no que diz respeito ao tratamento de dados pessoais pelas instituições, órgãos e organismos da União, bem como pelos Estados-Membros no exercício de atividades relativas à aplicação do direito da União, e à livre circulação desses dados. A observância dessas normas fica sujeita ao controlo de autoridades independentes" (inciso 2).

Ao contrário da diretiva, o GDPR aplica-se imediatamente a todos os países da União Europeia sem a necessidade de adequações legislativas internas, um fator de extrema relevância, até mesmo em vista do fluxo de dados, que não se limita a qualquer fronteira. A imposição de aplicação direta visa preservar o espírito protetivo do

---

1   REINALDO FILHO, Demócrito. *A Diretiva Europeia sobre Proteção de Dados Pessoais – uma análise de seus aspectos gerais.* Disponível em: http://www.lex.com.br/ doutrina_24316822_a_diretiva_europeia_sobre_protecao_de_dados_pessoais__uma_ analise_de_seus_aspectos_gerais.aspx. Acesso em: 5 abr. 2021.

regulamento e evitar as inseguranças interpretativas existentes sob a égide da Diretiva n. 95/46, garantindo que todos os países da UE compartilhem o mesmo nível de proteção e consequentemente gozem de maior segurança jurídica e coerência econômica. O GDPR, além de introduzir novas obrigações, proteções e penalidades, reforçou a necessidade das obrigações preexistentes a tal regulamento.

Caio César Carvalho Lima explica que:

> (...) a aplicação do regulamento se dá uniformemente nos 28 países-membros da União Europeia e também em três países do Espaço Econômico Europeu (Noruega, Islândia e Liechtenstein). Isso é entendido como grande vantagem, em relação ao anterior modelo da Diretiva 95/46 (antiga legislação de proteção de dados da União Europeia), a qual demandava leis internas para que tivesse validade dentro de cada nação, o que trazia disparidades na execução dessa legislação, na prática[2].

A diretiva, além de ter sido promulgada em uma época em que a transformação digital ainda era nascente, necessitava que cada país-membro da União Europeia editasse normas internas para que as regras fossem aplicáveis. A diretiva tinha o caráter instrutório e dependia de harmonização interna dos países. Trazia princípios e direitos básicos de proteção aos dados pessoais dos cidadãos.

De outra sorte, o regulamento atual, desde a sua eficácia plena, passou a ser diretamente aplicável a todos os Estados-Membros da União Europeia, sem depender de qualquer tipo de normatização interna. Ainda, trouxe definições importantes que não continham na diretiva, auxiliando na sua imediata aplicabilidade, eliminando

---

2   LIMA, Caio Cesar Carvalho. Objeto, aplicação material e aplicação territorial. In: MALDONADO, Viviane Nóbrega; ÓPICE BLUM, Renato. *Comentários ao GDPR*. São Paulo: Thomson Reuters Brasil, 2018. p. 26.

antigas disparidades e conflitos antes existentes entre as legislações dos países-membros.

E mais, a diretiva estabelecia, por exemplo, que cada Estado-Membro definisse quais seriam as hipóteses de tratamento lícito de dados pessoais, sendo que o regulamento expressamente prevê seis hipóteses legais. O GDPR também introduziu penalidades e multas mais rigorosas, as quais, a par de processo de cominação que considerará múltiplos critérios (art. 83), podem chegar até 20 milhões de euros (art. 83, 5), a depender da violação praticada.

Analisando-se a evolução da normatização europeia sobre proteção de dados extrai-se o quão significativo foi o advento do GDPR, que não só unificou a legislação, como também fez emergir questões fundamentais sobre o tema, principalmente no que tange à tutela da privacidade do cidadão em um cenário mundial de frenética troca de dados pessoais. Ademais, inegável a relevância do regulamento europeu também no aspecto econômico, já que impulsionou o mercado de economia digital, estabelecendo parâmetros capazes de proporcionar uma maior segurança jurídica acerca da disciplina de proteção de dados pessoais.

Importante mencionar que, antes mesmo do advento do GDPR, a União Europeia estabelecia padrões protetivos para a transferência internacional de dados pessoais europeus, como, por exemplo, o acordo entabulado com os Estados Unidos chamado de Safe Harbor (porto seguro), que basicamente reunia princípios de privacidade para evitar que organizações privadas armazenassem, divulgassem ou usassem informações pessoais acidentalmente. Esse acordo, entretanto, foi invalidado em 6 de outubro de 2015 pela Corte de Justiça da União Europeia, que, ao julgar o caso "Max Schrems *vs.* Data Protection Commissioner", entendeu que ele não garantia a devida proteção dos dados dos cidadãos, violando as disposições protetivas da Diretiva n. 95/46/CE. Em 12 de julho de 2016, a Comissão Europeia emitiu uma decisão de adequação sobre o Privacy Shield Framework UE-EUA, que substituiu o programa Safe Harbor, possibilitando que as empresas transferissem dados pessoais da UE para os Estados Unidos de forma legal[3].

Em 16 de julho de 2020, o Tribunal de Justiça da União Europeia (TJUE)[4], em um julgamento conhecido como Schrems II (fazendo referência ao ativista de proteção de dados Maximilian Schrems), decidiu abordar a validade do Privacy Shield Framework e das SCCs (*standard contractual clauses* – cláusulas contratuais padrão), dadas as questões semelhantes levantadas em ambos os casos. Na decisão, o TJUE entendeu que o Privacy Shield não era um mecanismo válido para transferir dados pessoais da União Europeia para os Estados Unidos. O TJUE rejeitou o pedido da Comissão Europeia de que os Estados Unidos asseguram um nível adequado de proteção para dados transferidos sob o Privacy Shield Framework, considerada a amplitude dos poderes de coleta de dados autorizados nas leis de vigilância eletrônica dos EUA e o reconhecimento de opções de reparação para cidadãos da UE. O TJUE considerou que a Seção 702 da Lei de Vigilância de Inteligên-

---

3   Tradução livre de informação disponível em: https://www.ftc.gov/tips-advice/business--center/privacy-and-security/u.s.-eu-safe-harbor-framework. Acesso em: 7 maio 2021.

4   Tradução livre para CJEU – Court of Justice of the European Union. O Tribunal de Justiça da União Europeia (TJUE) interpreta a lei da União Europeia (UE) para garantir que ela seja aplicada da mesma forma em todos os países da UE e resolve disputas legais entre governos nacionais e instituições da UE. Também pode, em determinadas circunstâncias, ser utilizado por indivíduos, empresas ou organizações para ajuizar ações contra uma instituição da UE, se considerarem que de alguma forma ela violou os seus direitos. Informação disponível em: https://european-union.europa.eu/institutions-law-budget/institutions-and-bodies/institutions-and-bodies--profiles/court-justice-european-union-cjeu_en. Acesso em: 4 março 2022.

cia Estrangeira dos EUA (FISA) e E.O. 12333 – que autoriza a vigilância de pessoas não americanas localizadas fora dos Estados Unidos – permitem que as agências de inteligência dos EUA coletem mais informações do que o estritamente necessário. Além disso, embora a Diretiva de Política Presidencial n. 28 (PPD-28) emitida pelo presidente Obama proibisse certas coletas de dados em massa e limitasse períodos de retenção para informações sobre pessoas não norte-americanas, o julgamento do TJUE afirmou que "o PPD-28 não fornece aos titulares dos dados direitos acionáveis antes dos tribunais contra as autoridades dos EUA".

O TJUE também questionou a independência do Ombudsman (representante do cidadão) do Privacy Shield e considerou que ele não poderia fornecer reparação suficiente, porque não era evidente que poderia aceitar decisões vinculantes sobre os serviços de inteligência dos EUA[5].

Estados Unidos

Muito se tem comentado sobre a legislação europeia de proteção de dados devido à sua repercussão mundial ocasionada pela eficácia plena do GDPR. No entanto, é de se considerar que outros países também possuem leis relativas à proteção de dados pessoais, como é o caso dos EUA. O país, diferentemente do bloco europeu, não possui uma legislação unificada, mas sim instrumentos legislativos relativos a diversos setores que visam precipuamente proteger o titular de dados pessoais.

---

5   Tradução livre do Reporte feito pelo Congressional Research Service – CRS (Serviço de Pesquisa do Congresso). Disponível em: https://iapp.org/media/pdf/resource_center/congressional_research_service_us_eu_privacy_shield_transatlantic_data_flows.pdf. Acesso em: 7 março 2022. p. 12/13.

Dentre outros, podemos citar o Privacy Act (Lei da Privacidade), uma lei federal americana promulgada em 1974, que basicamente trata-se de um Código de Boas Práticas que dispõe sobre "a coleta, manutenção, uso e disseminação de informações sobre indivíduos que são mantidas em sistemas de registros por agências federais"[6]. Essa lei americana estabelece interessantemente que, para que as informações atinentes a um indivíduo sejam divulgadas, é necessário haver o seu consentimento por escrito, salvo se essa divulgação estiver inserida em uma das doze exceções que a lei traz.

Conforme visto acima, o Privacy Shield foi considerado inválido pelo Tribunal de Justiça da União Europeia, mas isso não impediu que empresas americanas continuassem a trocar dados pessoais com a União Europeia. Posteriormente à invalidação do Privacy Shield, o EDPB – European Data Protection Board (Comitê Europeu de Proteção de Dados) emitiu orientações e recomendações para organizações que estavam sob o seu guarda-chuva para que elas pudessem se certificar que cumpririam os requisitos de proteção de dados. E mais, o GDPR previu em quais condições a transferência internacional de dados pessoais poderia ocorrer, dentre as quais ressaltamos a utilização de BCR's – Binding Corporate Rules (nomas corporativas globais) e das SCC – Standard Contractual Clauses (cláusulas contratuais padrão).

Podemos citar ainda: Lei Gramm-Leach-Bliley de 1999 (GLBA) – que trata das Leis contra a lavagem de dinheiro; Health Insurance Portability and Accountability Act (HIPAA) de 1996 – que trata de prontuários médicos, informações sobre saúde protegidas (PHI), dados de categoria específica (RGPD), pesquisa médica; Controlling the Assault of Non-Solicited Pornography and Marketing Act

---

6   Disponível em: https://www.justice.gov/opcl/privacy-act-1974. Acesso em: 7 abr. 2021.

(CAN-SPAM) de 2003 – que trata de mensagens comerciais de correio eletrônico, material de orientação sexual; Children's Online Privacy Protection Act (COPPA) de 1998 – que trata da coleta de informações de crianças menores de 13 anos por operadores de *sites* e serviços *on-line* e Fair Credit Reporting Act (FCRA) de 1970 – que trata da precisão e equidade dos relatórios de crédito e se os serviços de proteção ao crédito adotam procedimentos razoáveis, informações de crédito, cobrança, acesso a relatórios de crédito[7].

Mesmo com a existência de mecanismos legislativos diversos como os citados acima, os norte-americanos não passaram incólumes aos efeitos do GDPR, que impactou sobremaneira a maneira como se pensa a proteção de dados pessoais, principalmente após escândalos envolvendo grandes empresas americanas.

A crítica baseia-se no fato de seu país não possuir regras gerais amplamente aplicáveis, como é o caso do regulamento europeu, mas tão somente leis atinentes a setores diferentes, o que levou a uma iniciativa no âmbito federal de um projeto de lei que fornecesse proteções reais à privacidade dos americanos. Esse projeto foi proposto pelo senador americano Roy Widen, prevendo fortes sanções para perseguir uma efetiva proteção de dados pessoais diante do tratamento de dados por corporações americanas[8].

A disparidade de regulamentos em razão do forte sistema federalista norte-americano pode ser observada quando se analisa,

---

7   INTERNATIONAL ASSOCIATION OF PRIVACY PROFESSIONALS. *Gestão do Programa de Privacidade*: ferramentas para gerenciar a privacidade na sua organização. 2. ed. Capítulo 3.1. p. 45/46.

8   Disponível em: https://www.wyden.senate.gov/news/press-releases/wyden-releases--discussion-draft-of-legislation-to-provide-real-protections-for-americans-privacy. Acesso em: 8 abr. 2021.

por exemplo, o estado da Califórnia, conhecido por usualmente adotar posturas protetivas e mais favoráveis aos consumidores/usuários (como ocorreu com a neutralidade de rede), que introduziu em julho de 2018 o "California Consumer Privacy Act", que contém, dentre outras, disposições relativas ao consentimento informado e ao direito de *opt-out*, e que passou a vigorar em 14 de julho de 2020. Esse tipo de disparidade decerto forçará o Governo Federal e o Congresso norte-americano a aprovarem uma lei geral sobre o tema, embora não se espere que esta lei em tese vá conferir proteção tão sensível e severa quanto o GDPR ou mesmo a LGPD.

Parte II
Comentários à Lei n. 13.709, de 14 de agosto de 2018

Lei Geral de Proteção de Dados Pessoais (LGPD)

Capítulo I
DISPOSIÇÕES PRELIMINARES

Art. 1º Esta Lei dispõe sobre o tratamento de dados pessoais, inclusive nos meios digitais, por pessoa natural ou por pessoa jurídica de direito público ou privado, com o objetivo de proteger os direitos fundamentais de liberdade e de privacidade e o livre desenvolvimento da personalidade da pessoa natural.

Parágrafo único. As normas gerais contidas nesta Lei são de interesse nacional e devem ser observadas pela União, Estados, Distrito Federal e Municípios.

Comentários

A proteção de dados pessoais não é tema novo na legislação brasileira, havendo menção em várias normas, a exemplo da Constituição Federal (art. 5º, X, XI, XII, LV e IX), do Código Civil (arts. 20 e 21), do Código de Processo Penal (art. 201, § 6º) e do Marco

Civil da Internet[1] (Lei n. 12.965/2014, arts. 3º, II, 7º, I, 8º, 21 e 23), cujos arts. 7º, X, e 16, II, foram alterados pelo art. 60 da Lei n. 13.709/2018 (LGPD – Lei Geral de Proteção de Dados).

A promulgação de uma lei específica sobre o tema, que já vinha sendo discutida há oito anos no Congresso Nacional, tornou-se improtelável com a eficácia plena do GDPR (*General Data Protection Regulation*; em português, Regulamento Geral de Proteção de Dados) na União Europeia.

O GDPR é um regulamento do direito europeu que unificou as leis de privacidade de dados em toda a Europa e tem como principal objetivo a proteção de todos os cidadãos europeus da violação de dados e de sua privacidade, estabelecendo regras e sanções, que serviram de base para muitos artigos da lei brasileira.

Não só o Brasil, como também outros países que se relacionam comercialmente com a Europa aceleraram a corrida na tentativa de equivaler suas legislações de proteção de dados pessoais com a europeia.

O regulamento europeu impôs diversas restrições para a transferência internacional de dados entre os países europeus e os demais países, sendo que a existência de uma lei específica sobre o tema elevou o Brasil a outro patamar, o que foi visto com bons olhos pelos países estrangeiros, facilitando operações comerciais e atraindo mais investimentos.

Mesmo com a plena vigência da LGPD, mais especificamente após o dia 1º de agosto de 2021 (veja detalhes ao final do livro) e

---

[1] Para aprofundar no estudo do Marco Civil da Internet, veja: TEIXEIRA, Tarcisio. *Marco Civil da Internet comentado*. São Paulo: Almedina, 2016. p. 21 e s.

com a completa formação da Autoridade Nacional de Proteção de Dados, ainda remanesce a expectativa para que o Brasil integre a lista dos países considerados com grau de proteção equivalente ao da União Europeia para transferência internacional de dados[2].

Os dados pessoais possuem alto valor de mercado, na medida em que através deles são direcionados produtos e serviços customizados, com a coleta de grande volume de dados e, por isso, são considerados o "novo petróleo"[3] da sociedade informacional, já que o dado "bruto" não possui valor, mas ao ser "refinado" passa a ser altamente rentável.

Há doutrinadores que contestam a afirmação de o dado ser o novo petróleo por diferentes motivos. Fato é que os dados são a base de um gigantesco mercado, uma vez que através deles é possível identificar perfis de consumo, potencialidades de mercado, além de inúmeras outras possibilidades altamente lucrativas, sejam lícitas ou ilícitas.

O tratamento de dados pessoais também carrega um alto poder de manipulação de informação como nos escândalos envolvendo

---

2   O GDPR, em seu art. 45, 2, estabelece, dentre outros elementos, que a existência e o efetivo funcionamento de uma ou mais autoridades de controle independentes no país terceiro será considerado pela Comissão para que o país seja considerado detentor de adequado grau de proteção de dados para transferência internacional de dados.

3   Essa associação entre o petróleo e os dados é atribuída ao matemático inglês Clive Humble, que proferiu a seguinte frase: *"Data is the new oil. It's valuable, but if unrefined it cannot really be used. It has to be changed into gas, plastic, chemicals, etc to create a valuable entity that drives profitable activity; so must data be broken down, analyzed for it to have value".* Informação disponível em: https://medium.com/project-2030/data-is-the-new-oil-a-ludicrous-proposition-1d91bba4f294. Acesso em: 14 fev. 2020.

as empresas Cambridge Analytica[4] e Facebook[5]. É certo que o *marketing* se apoderou de tal forma da análise de dados para a construção de uma especialização flexível com a formação de distintos públicos para a sua comunicação, fidelização do cliente e a diversificação da produção, o que só é possível com o armazenamento e processamento de grande quantidade de informação quase cotidiana dos consumidores e de seus hábitos de consumo, tornando a informação um insumo de produção tanto quanto a força de trabalho e o capital[6].

Não é demais lembrar que os dados tutelados pela lei em comento são dados pessoais, ou seja, não são quaisquer dados que podem ser captados, mas tão somente aqueles inerentes à pessoa física, tais como nome, endereço, *e-mail*, sexo, profissão ou aqueles que possam levar à identificação da pessoa, tais como IP (*Internet Protocol*; em português, Protocolo de Internet)[7], CEP e quaisquer

---

4   Conforme o *site* da própria empresa, em tradução livre: *A Cambridge Analytica usa dados para mudar o comportamento da audiência.* Disponível em: https://cambridgeanalytica.org/. Acesso em: 11 abr. 2019.

     O escândalo a que se refere foi quando em 2016 ocorreu o vazamento de dados pessoais de usuários do Facebook para a consultoria política Cambridge Analytica de Donald Trump, que os utilizou para direcionar mensagens em redes sociais de forma que os eleitores certos as recebessem, favorecendo-se, assim, o voto no candidato republicano.

5   O Facebook admitiu o vazamento de dados de 50 milhões de usuários por uma brecha na segurança da plataforma às vésperas das eleições brasileiras de 2018.

6   MENDES, Laura Schertel. *Privacidade, proteção de dados e defesa do consumidor*: linhas gerais de um novo direito fundamental. São Paulo: Saraiva, 2014. p. 90 e 91.

7   O IP é o número de identificação do computador, pois, quando se navega pela internet e se digita um nome de domínio, na verdade está se procurando um endereço IP de um computador que abriga aquele domínio para, assim, estabelecer uma comunicação com ele. Para mais detalhes a respeito, veja: TEIXEIRA, Tarcisio. *Direito digital e processo eletrônico*. 5. ed. São Paulo: Saraiva, 2018. p. 29 e s.

outros dados que, de alguma forma, levem à identificação de um único indivíduo.

A proteção dos dados pessoais se insere na sociedade de informação como uma possibilidade de se tutelar o indivíduo diante dos potenciais riscos que o tratamento de dados poderia causar à sua personalidade, pois o que se visa proteger não são os dados em si, mas sim o seu titular, que poderá ser afetado em sua privacidade caso alguns limites não sejam estabelecidos[8].

Na era do *Big Data* (em português literal, Grandes Dados; ou, em sede de tecnologia da informação: grandes conjuntos de dados que são processados e armazenados), a elaboração de uma lei específica sobre a proteção de dados teve como principal objetivo estabelecer um equilíbrio entre a individualidade e a privacidade das pessoas com a livre iniciativa comercial e de comunicação.

Além do que foi descrito acima, um aspecto relevante da LGPD é possibilitar à sociedade (titulares, controladores e operadores) ter as regras claras para o tratamento de dados pessoais, o que até então era algo sutil ou a depender da situação específica inexistente.

Ainda, é preciso destacar que os dados em meios físicos também estão abrangidos pela proteção da lei; o que pretendeu o legislador foi dar ênfase aos meios digitais, que aceleraram a troca massiva de dados em nível mundial.

A proteção de dados foi incluída como direito fundamental em nossa Carta Magna no dia 10 de fevereiro de 2022, quando foi promulgada a Emenda Constitucional n. 115/2022, e como já

---

8   MENDES, Laura Schertel. *Privacidade, proteção de dados e defesa do consumidor:* linhas gerais de um novo direito fundamental. São Paulo: Saraiva, 2014. p. 32.

dito a lei não inovou ao tutelar o indivíduo que tem seus dados pessoais tratados, o seu principal intuito foi o de estabelecer uma ampla responsabilização à pessoa natural ou jurídica que tenha invadido a esfera íntima do titular, utilizando seus dados pessoais, sem atendimento a qualquer dos requisitos autorizadores do seu tratamento.

Por fim, a LGPD introduziu o parágrafo único ao art. 1º, o que se entende como um esmero do legislador que se ocupou com a harmonização da lei em todos os entes federativos, principalmente no âmbito dos municípios, que no auge da discussão sobre proteção de dados vêm regulando especificamente sobre o tema, como é o caso do município de Vinhedo (SP) que em junho de 2018 aprovou lei que regulamenta a proteção de dados no município[9].

Art. 2º A disciplina da proteção de dados pessoais tem como fundamentos:

I – o respeito à privacidade;

II – a autodeterminação informativa;

III – a liberdade de expressão, de informação, de comunicação e de opinião;

IV – a inviolabilidade da intimidade, da honra e da imagem;

V – o desenvolvimento econômico e tecnológico e a inovação;

VI – a livre iniciativa, a livre concorrência e a defesa do consumidor; e

VII – os direitos humanos, o livre desenvolvimento da personalidade, a dignidade e o exercício da cidadania pelas pessoas naturais.

---

9   Disponível em: http://www.camaravinhedo.sp.gov.br/2018/camara-aprova-lei-que--regula-protecao-de-dados-do-municipio/. Acesso em: 18 jul. 2019.

Comentários

Os fundamentos trazidos no corpo do art. 2º da Lei n. 13.709/2018 são os norteadores aos aplicadores do Direito quanto à proteção de dados.

Assim, o respeito à privacidade é o primeiro fundamento citado na lei. Não há um consenso entre os doutrinadores quanto à definição de privacidade, o que pode dificultar o entendimento conceitual desse princípio. A Constituição Federal não fala em privacidade, mas sim o seu art. 5º, X, dispõe sobre a intimidade, vida privada, honra e imagem das pessoas.

Para Marcel Leonardi[10] a definição do que é privacidade, ou a falta dela, traz consequências negativas não só na teoria, mas também para a solução de casos práticos, como tem sido na definição de políticas públicas, que muitas vezes dependem do real esclarecimento do termo para a sua viabilidade. Veja-se que diante de um suposto conflito entre privacidade e outros interesses de equivalente relevância, tais como liberdade de manifestação de pensamento ou a segurança pública, a falta de clareza certamente prejudicará ou até mesmo poderá inviabilizar a sua tutela[11].

A princípio, todo dado pessoal é privativo. Assim, para que se torne púbico seria necessário que o dado fosse publicamente tratado. E, para que o Poder Público trate um dado, é preciso que o interesse esteja previsto em leis e/ou na Constituição Federal, ante a presunção de legalidade dos atos do Poder Público.

---

10 LEONARDI, Marcel. *Tutela e privacidade na internet*. São Paulo: Saraiva, 2011. p. 47.

11 Para um estudo mais aprofundado sobre privacidade na internet, veja: TEIXEIRA, Tarcisio. *Direito digital e processo eletrônico*. 5. ed. São Paulo: Saraiva, 2018. p. 80 e s.

Na atualidade, com a evolução tecnológica, não há mais como se pensar na privacidade como o isolamento do homem moderno, é preciso reconhecer que o indivíduo é capaz de controlar suas informações pessoais, com a garantia da sua privacidade, uma vez que os dados pessoais integram a sua identidade e, portanto, seu maior patrimônio[12].

A autodeterminação informativa consiste no poder que o indivíduo tem de determinar como seus dados serão tratados mediante o recebimento de informações sobre como será esse tratamento. É a capacidade do indivíduo em saber, com exatidão, quais de seus dados pessoais estão sendo coletados, com a consciência da finalidade para que se prestarão, para assim, diante de tais informações, tomar a decisão de fornecê-los ou não, levando--se em conta os benefícios/malefícios que o tratamento de seus dados poderá lhe acarretar. É o controle que o indivíduo possui sobre os seus dados pessoais, mesmo que ele não possa em determinada situação "impedir" o seu tratamento, poderá requisitar do controlador que lhe dê maiores informações, que corrija dados equivocados ou poderá exercer qualquer dos outros direitos previstos na LGPD.

Danilo Doneda discorre sobre o surgimento do direito à autodeterminação informativa:

> O direito à autodeterminação informativa surgiu basicamente como uma extensão das liberdades presentes nas leis de segunda geração, e são várias as mudanças específicas neste sentido que podem ser identificadas na estrutura destas novas leis. O tratamento de dados pessoais era visto como um processo, que não se encerrava na simples permissão ou não

---

12 SARDETO, Patricia Eliane da Rosa. *Proteção de dados pessoais*: conhecendo e construindo uma nova realidade. Londrina, PR: Gradual, 2011. p. 52.

da pessoa à utilização de seus dados pessoais, porém procurava incluí-la em fases sucessivas do processo de tratamento e utilização de sua própria informação por terceiros, além de compreender algumas garantias, com o dever de informação[13].

As liberdades de expressão, de informação, de comunicação e de opinião aparecem na lei de proteção de dados assim como vieram no Marco Civil da Internet (Lei n. 12.965/2014) em seu art. 3º, de forma a garantir a essencialidade da internet, que desde o seu surgimento se propõe a ser um canal para livre manifestação e ferramenta de busca por informação.

Mesmo fora da internet, a liberdade de informação, comunicação e opinião decorrem diretamente do princípio constitucional da liberdade de expressão, princípio esse indissociável do princípio democrático, pilar do Estado brasileiro. Ao se analisar os fundamentos da lei previstos nesse artigo, é possível verificar que a proteção de dados pessoais deve ser tutelada harmonizando princípios que são naturalmente opostos, como os da intimidade e privacidade de um lado e o da liberdade de expressão de outro.

Pode-se chegar a dizer que a liberdade de informação vem evoluindo praticamente ao mesmo tempo com a sociedade, pois informar e estar informado integram a livre manifestação do pensamento. Os mandamentos constitucionais dos mais diversos países acompanharam esse fenômeno e possibilitam que, através de reforços e limites, haja a garantia da liberdade de informação. Com a chegada da internet, apesar de facilitar o trânsito veloz de

---

13 DONEDA, Danilo. Princípios da proteção de dados pessoais. In: DE LUCCA, Newton; SIMÃO FILHO, Adalberto; LIMA, Cíntia Rosa Pereira de (Coords.). *Direito & Internet III – Tomo I: Marco Civil da Internet (Lei n. 12.965/2014)*. São Paulo: Quartier Latin, 2015. p. 373.

informações, não foi a causa direta dessa liberdade do indivíduo buscar a informação onde bem entender, na verdade isso decorreu da própria liberdade de informação, prevista constitucionalmente[14].

O desenvolvimento econômico e tecnológico e a inovação são fundamentos indispensáveis ao olhar de quem aplica a lei em comento; nos dias atuais, não há que se falar em progresso sem a utilização de dados, pois estes são a base de grandes conquistas tecnológicas, e a tendência é que cada vez mais o tratamento de dados seja a grande força motriz da economia.

Também, a proteção à livre iniciativa, livre concorrência e a defesa do consumidor se inserem no contexto dessa lei por serem os dados pessoais objeto de grande valia para a sociedade atual. Seria quase impossível grande parte das empresas funcionarem sem o tratamento de dados de seus clientes, fornecedores, empregados, dentre tantas outras pessoas com que se relaciona, sendo vital à sua sobrevivência.

Ainda, há de se pontuar que o cruzamento de banco de dados em aquisições e fusões, por exemplo, pode retirar do mercado concorrentes, o que enseja a análise da proteção de dados também sob o ponto de vista da concentração econômica e tem que acender o alerta para o anseio que grandes empresas têm nos bancos de dados de outras empresas quando querem adquiri-las.

A declaração universal de direitos humanos, em seu art. 2º, fala especificamente da igualdade entre todos os seres humanos, sem distinção de qualquer espécie, o que nos remete à proteção mais rigorosa dos chamados dados pessoais sensíveis, que se utilizados

---

14 PAESANI, Liliana Minardi. *Direito e Internet*: liberdade de informação, privacidade e responsabilidade civil. 7. ed. São Paulo: Atlas, 2014. p. 6.

de maneira a extrapolar sua finalidade poderão causar a seus titulares algum tipo de discriminação, ferindo assim os direitos humanos.

Em uma sociedade detentora de um viés econômico altamente ligado ao tratamento de dados tem-se que o livre desenvolvimento da personalidade poderia ser afetado se os dados fossem utilizados sem qualquer critério. Os dados pessoais, mais do que pertencerem ao indivíduo, integram a sua personalidade, pois levam à sua identificação na sociedade, sobre quem ele é ou o que ele faz. Na sociedade atual, em que pessoas são representadas por informações, a proteção de dados pessoais surge como um direito da personalidade, não se tratando de uma questão de propriedade, mas de parte integrante de sua identidade[15].

Por fim, vale reforçar a crescente preocupação da relação entre empresas e direitos humanos, não sendo em vão as discussões acerca da criação de um Tratado Internacional sobre a temática, o que vem sendo debatido inclusive no âmbito da Organização das Nações Unidas (ONU). No Brasil foi editado o Decreto n. 9.571, de 21 de novembro de 2018, que estabelece as Diretrizes Nacionais sobre Empresas e Direitos Humanos (trabalhos na direção da elaboração de um tratado internacional).

Art. 3º Esta Lei aplica-se a qualquer operação de tratamento realizada por pessoa natural ou por pessoa jurídica de direito público ou privado, independentemente do meio, do país de sua sede ou do país onde estejam localizados os dados, desde que:

I – a operação de tratamento seja realizada no território nacional;

---

15 MENDES, Laura Schertel. *Privacidade, proteção de dados e defesa do consumidor*: linhas gerais de um novo direito fundamental. São Paulo: Saraiva, 2014. p. 124.

II – a atividade de tratamento tenha por objetivo a oferta ou o forne-cimento de bens ou serviços ou o tratamento de dados de indivíduos localizados no território nacional; ou

III – os dados pessoais objeto do tratamento tenham sido coletados no território nacional.

§ 1º Consideram-se coletados no território nacional os dados pessoais cujo titular nele se encontre no momento da coleta.

§ 2º Excetua-se do disposto no inciso I deste artigo o tratamento de dados previsto no inciso IV do *caput* do art. 4º desta Lei.

Comentários

Inicialmente é pertinente expressar que a pessoa pode ser **física** (natural) ou **jurídica**. Especificamente sobre a **pessoa jurídica, trata-se de uma** entidade legalizada; um ente criado pela técnica jurídica como uma unidade orgânica e estável de pessoas para fins de natureza pública ou privada. É completamente distinta dos in-divíduos que a compõem, tendo personalidade jurídica, como a pessoa física, visando obter direitos e contrair obrigações.

As pessoas jurídicas podem ser de *direito público* (interno e externo, p. ex., União, Estados, Municípios, autarquias, ONU etc.) e de *direito privado* (associações, fundações, partidos políticos, entidades religiosas, empresas individuais de responsabilidade li-mitada, *sociedades*), à luz dos arts. 40, 41 e 44 do Código Civil[16].

O tratamento de dados envolve toda e qualquer operação que se realize com dados. Muito se fala na utilização de dados pessoais por empresas, mas o artigo em comento expressamente prevê a sua aplicação também às pessoas jurídicas de direito público e às pessoas

---

16   TEIXEIRA, Tarcisio. *Direito empresarial sistematizado*: doutrina, jurisprudência e prática. 8. ed. São Paulo: Saraiva, 2019. p. 119.

físicas. No caso das pessoas físicas, pode-se imaginar um influenciador digital ou um blogueiro, que muitas vezes possui milhares de seguidores, tratando seus dados para fins diversos; podendo ser responsabilizado caso esse tratamento não respeite às determinações legais, excetuando-se o tratamento para fins exclusivamente particulares, conforme prevê o próximo artigo.

Também podemos citar a aplicabilidade da lei em relação aos profissionais liberais que tratam dados de seus clientes e pacientes tanto *online* quanto *offline* muitas vezes tratando dados sensíveis, que serão abordados em pormenores nos próximos artigos.

O Poder Público também está sujeito à aplicação da lei, sendo que lhe foi dedicado um capítulo exclusivo (IV) para atender às suas especificidades, considerando a grande monta de dados pessoais que trata e a sua finalidade, que deverá sempre pautar o interesse público como justificativa para o tratamento de dados pessoais.

No que tange à sua aplicação extraterritorial, a lei nacional de proteção de dados se assimila ao GDPR por não se restringir aos limites geográficos do Brasil. Além das operações de tratamento realizadas no território nacional, se forem oferecidos serviços ou bens ao mercado consumidor brasileiro ou se os dados forem coletados no território nacional, caberá a aplicação da lei brasileira.

Uma lei que trata de dados pessoais não poderia deixar de considerar a extraterritorialidade, uma vez que o fluxo de dados não se limita a um território específico; assim, para a efetiva tutela do titular de dados, a lei deve abranger todo o "trajeto" percorrido pelos seus dados pessoais, com a ressalva da exceção prevista no próximo artigo, em seu inciso IV.

Para que os dados pessoais sejam tutelados pela LGPD não são levados em consideração: o país sede da empresa, o meio de operação e tratamento de dados, a localização dos dados e nem mesmo a nacionalidade do titular dos dados, bastando que se encontre em território nacional no momento da coleta.

Art. 4º Esta Lei não se aplica ao tratamento de dados pessoais:

I – realizado por pessoa natural para fins exclusivamente particulares e não econômicos;

II – realizado para fins exclusivamente:

a) jornalístico e artísticos; ou

b) acadêmicos, aplicando-se a esta hipótese os arts. 7º e I I desta Lei;

III – realizado para fins exclusivos de:

a) segurança pública;

b) defesa nacional;

c) segurança do Estado; ou

d) atividades de investigação e repressão de infrações penais; ou

IV – provenientes de fora do território nacional e que não sejam objeto de comunicação, uso compartilhado de dados com agentes de tratamento brasileiros ou objeto de transferência internacional de dados com outro país que não o de proveniência, desde que o país de proveniência proporcione grau de proteção de dados pessoais adequado ao previsto nesta Lei.

§ I º O tratamento de dados pessoais previsto no inciso III será regido por legislação específica, que deverá prever medidas proporcionais e estritamente necessárias ao atendimento do interesse público, observados o devido processo legal, os princípios gerais de proteção e os direitos do titular previstos nesta Lei.

§ 2º É vedado o tratamento dos dados a que se refere o inciso III do *caput* deste artigo por pessoa de direito privado, exceto em procedimentos sob tutela de pessoa jurídica de direito público, que serão objeto de informe específico à autoridade nacional e que deverão observar a limitação imposta no § 4º deste artigo.

§ 3º A autoridade nacional emitirá opiniões técnicas ou recomendações referentes às exceções previstas no inciso III do *caput* deste artigo e deverá solicitar aos responsáveis relatórios de impacto à proteção de dados pessoais.

§ 4º Em nenhum caso a totalidade dos dados pessoais de banco de dados de que trata o inciso III do *caput* deste artigo poderá ser tratada por pessoa de direito privado, salvo por aquela que possua capital integralmente constituído pelo poder público.

Comentários

O art. 4º traz as exceções à aplicabilidade da lei e em seu primeiro inciso coloca como parâmetro delimitador a finalidade econômica para diferenciar o que se chama de fins exclusivamente particulares. Tal diferenciação acaba sendo sutil, uma vez que a pessoa natural que capte dados pessoais somente para fins particulares, como, por exemplo, em um *blog* pessoal, se passar a ter qualquer viés econômico, mesmo que indireto, responderá diante da lei.

Pode-se pensar, ainda, na coleta de dados pessoais (nome, *e-mail*, telefone, número do calçado) para uma festa de casamento, sem qualquer fim econômico. Nesse caso, o tratamento de dados estaria abarcado pela exceção do artigo relativa a fins exclusivamente particulares.

Também foram excluídos da proteção da lei os dados pessoais para os fins jornalísticos e artísticos, em respeito aos princípios da liberdade de expressão e comunicação representados pela liberdade de imprensa e livre manifestação cultural e artística. A inclusão de um dispositivo tratando dos fins jornalísticos e artísticos não quer dizer que para esses fins tudo é permitido, mas que os dados pessoais como fonte de informação não afrontarão a lei.

Insta mencionar que os dados utilizados para fins acadêmicos deverão sempre que possível ser anonimizados para tutela do indivíduo, sem impossibilitar os estudos para fins acadêmicos. Não há como se considerar diversos tipos de estudos sem o tratamento de dados pessoais (históricos, geográficos, biológicos, sociológicos etc.), sopesando-se a proteção do titular dos dados para a preservação da sua intimidade/privacidade diante dos amplos benefícios posteriores a toda a sociedade.

A utilização de dados pessoais para fins de investigações criminais e questões de segurança pública, defesa nacional, segurança do Estado, ou atividades investigativas necessitará de legislação específica, para a preservação do estado democrático de direito, estabelecendo-se critérios e condições para sua utilização, não permitindo que o tratamento ilimitado e irrestrito de dados pessoais seja feito pelo Estado.

Essa questão já foi trazida à tona diversas vezes por pessoas ao redor do mundo, sempre com a preocupação de que, sob a ótica de se combater o terrorismo, tráfico de drogas, dentre outros crimes graves, o Estado não estabeleça uma vigilância constante de seus cidadãos, com a coleta massiva e irrestrita de dados pessoais e, somente na hipótese do cometimento de algum ilícito, haja a avaliação da real necessidade dos dados coletados.

Com a Lei Geral de Proteção de Dados Pessoais (Lei n. 13.709/2018) pretende-se inverter a lógica, ou seja, não se coleta dados sem qualquer evidência ou justificativa, mesmo e, principalmente pelo Estado. O que se almeja com a proteção de dados pessoais é passar-se da era do *Big Data* para a do *Small Data* (em português literal, Dados Pequenos; ou, em matéria de tecnologia: dados pequenos acessíveis e suficientes à compreensão humana). Conceitualmente, no *Big Data* os dados são tratados em larga escala (atacado); enquanto no *Small Data* haveria um cuidado diferenciado e personalizado (varejo) com os dados pessoais.

As características do Big Data podem ser resumidas em 3 V's: volume, pela sua quantidade volumosa de dados; variedade, por possuírem diferentes formas, serem aleatórios e advirem de diversas ferramentas, e velocidade, já que são criados de forma acelerada e estão em constante processo de evolução[17].

Julian Assange[18] questiona exatamente o acesso do Estado, sem limites, aos dados pessoais de todos os cidadãos sob a máxime de protegê-los de possíveis ameaças, em um estágio de constante vigilância. Para ele, a questão da interceptação estratégica é um completo absurdo, isso seria como dizer que tudo poderá ser captado, só depois é que se apura a real necessidade do que foi coletado. É lógico que, em casos de crimes organizados, como a máfia, o sigilo das informações é primordial para que a investigação seja um sucesso, o que justificaria a interceptação. De outra sorte, é essencial que a interceptação tática seja pelo menos parcialmente regulamentada, de forma que o mínimo de pessoas seja atingido. Quando se pensa em coleta de evidências para a garantia do cumprimento da lei, isso se torna um pouco mais aceitável, pois provavelmente as evidências coletadas integrarão um processo judicial e através dele será possível questionar a sua origem, de tal forma que, ao se tornarem públicas, pelo menos em parte, possam ser controladas.

Denota-se pela análise de incidentes e escândalos envolvendo dados pessoais que foi necessário que o legislador estabelecesse padrões para o tratamento legítimo pelo Estado, para que a sua

---

17   FACHINETTI, Aline Fuke. *Big data*, pandemia e proteção de dados pessoais. In: PALHARES, Felipe. *Temas atuais de proteção de dados*. São Paulo: Thomson Reuters Brasil, 2020. p. 488.

18   ASSANGE, Julian. *Cypherpunks*: liberdade e o futuro da internet. Trad. de Cristina Yamagami. São Paulo: Boitempo, 2013. p. 123.

função de zelar pela segurança não justifique a coleta massiva e antecipada de dados. Espera-se que a autoridade nacional[19] não só coíba a interceptação estratégica, como regulamente e fiscalize que o tratamento de dados pelo Estado utilizando-se a exceção do inciso III respeite os princípios gerais de proteção de dados, bem como os direitos dos titulares previstos nessa lei.

Sobre o tema, o procurador do MPF, Carlos Bruno[20], levantou a questão na semana em que a lei foi sancionada, quando se manifestou pelo veto do inciso II, *g*, do artigo em comento, que após sanção passou a ser o inciso III, *d*, do mesmo artigo. Para o procurador, a exclusão do tema relativo à autoridade nacional prejudicaria as possíveis vantagens de uma cooperação internacional.

Segundo ele, a cooperação internacional é de suma importância para o combate ao crime transnacional e, para isso, o Brasil precisa integrar os sistemas internacionais de compartilhamento de dados, como, por exemplo, a Eurojust, uma unidade de cooperação jurídica da União Europeia. A lei de proteção de dados brasileira também incrementa a possibilidade do país em participar de equipes conjuntas de investigação, sendo necessário, entretanto, trazer um nível adequado de proteção de dados, que se equipare ao GDPR.

---

19 Cabe lembrar que, inicialmente, alguns dispositivos da LGPD foram vetados pelo Presidente da República, especialmente aqueles relacionados à ANPD e ao Conselho Nacional de Proteção de Dados Pessoais e da Privacidade.
Em razão dos vetos, houve a edição da Medida Provisória n. 869/2018, que, após tramitação e aprovação no Congresso Nacional, foi convertida na Lei n. 13.853/2019, assim alterando a Lei n. 13.709/2018 e criando a ANPD e referido Conselho, sem prejuízo de outras disposições.

20 Notícia disponível em: https://www.jota.info/coberturas-especiais/liberdade-de-expressao/cooperacao-juridica-dados-pessoais-14082018. Acesso em: 10 abr. 2019.

A cooperação internacional depende muito da robustez da nossa lei de proteção de dados; aguarda-se, assim, legislação específica nesse sentido, conforme prevê o artigo. Em 5 de novembro de 2020, o Presidente da Câmara dos Deputados Rodrigo Maia (DEM-RJ) recebeu o anteprojeto de lei para proteção de dados em investigações criminais e na área de segurança pública, elaborado a partir de um relatório do grupo de trabalho formado por juristas, sob a coordenação do Ministro da Justiça Nefi Cordeito. A relatora do grupo de trabalho, Laura Schertel Mendes, explicou que o anteprojeto tem como objetivo dar segurança jurídica para as autoridades investigarem dados pessoais com novas tecnologias, além de dar maior proteção e transparência aos cidadãos[21].

Por fim, aos dados originados e destinados a outros países, que apenas passam pelo território nacional, não será aplicável a lei brasileira, desde que o país de proveniência proporcione grau de proteção de dados semelhante ao dessa lei, o que será avaliado pela autoridade nacional.

Art. 5º   Para os fins desta Lei, considera-se:

I – dado pessoal: informação relacionada a pessoa natural identificada ou identificável;

II – dado pessoal sensível: dado pessoal sobre origem racial ou étnica, convicção religiosa, opinião política, filiação a sindicato ou a organização de caráter religioso, filosófico ou político, dado referente à saúde ou à vida sexual, dado genético ou biométrico, quando vinculado a uma pessoa natural;

---

21 Fonte: Agência Câmara de Notícias. Notícia disponível em: https://www.camara.leg. br/noticias/705293-rodrigo-maia-recebe-anteprojeto-para-controle-de-dados-de- -investigacoes-criminais/?utm_campaign=boletim_27__bulletin_27&utm_ medium=email&utm_source=RD+Station. Acesso em: 9 mar. 2022.

III – dado anonimizado: dado relativo a titular que não possa ser identificado, considerando a utilização de meios técnicos razoáveis e disponíveis na ocasião de seu tratamento;

IV – banco de dados: conjunto estruturado de dados pessoais, estabelecido em um ou em vários locais, em suporte eletrônico ou físico;

V – titular: pessoa natural a quem se referem os dados pessoais que são objeto de tratamento;

VI – controlador: pessoa natural ou jurídica, de direito público ou privado, a quem competem as decisões referentes ao tratamento de dados pessoais;

VII – operador: pessoa natural ou jurídica, de direito público ou privado, que realiza o tratamento de dados pessoais em nome do controlador;

VIII – encarregado: pessoa indicada pelo controlador e operador para atuar como canal de comunicação entre o controlador, os titulares dos dados e a Autoridade Nacional de Proteção de Dados (ANPD);

IX – agentes de tratamento: o controlador e o operador;

X – tratamento: toda operação realizada com dados pessoais, como as que se referem a coleta, produção, recepção, classificação, utilização, acesso, reprodução, transmissão, distribuição, processamento, arquivamento, armazenamento, eliminação, avaliação ou controle da informação, modificação, comunicação, transferência, difusão ou extração;

XI – anonimização: utilização de meios técnicos razoáveis e disponíveis no momento do tratamento, por meio dos quais um dado perde a possibilidade de associação, direta ou indireta, a um indivíduo;

XII – consentimento: manifestação livre, informada e inequívoca pela qual o titular concorda com o tratamento de seus dados pessoais para uma finalidade determinada;

XIII – bloqueio: suspensão temporária de qualquer operação de tratamento, mediante guarda do dado pessoal ou do banco de dados;

XIV – eliminação: exclusão de dado ou de conjunto de dados armazenados em banco de dados, independentemente do procedimento empregado;

XV – transferência internacional de dados: transferência de dados pessoais para país estrangeiro ou organismo internacional do qual o país seja membro;

XVI – uso compartilhado de dados: comunicação, difusão, transferência internacional, interconexão de dados pessoais ou tratamento compartilhado de bancos de dados pessoais por órgãos e entidades públicos no cumprimento de suas competências legais, ou entre esses e entes privados, reciprocamente, com autorização específica, para uma ou mais modalidades de tratamento permitidas por esses entes públicos, ou entre entes privados;

XVII – relatório de impacto à proteção de dados pessoais: documentação do controlador que contém a descrição dos processos de tratamento de dados pessoais que podem gerar riscos às liberdades civis e aos direitos fundamentais, bem como medidas, salvaguardas e mecanismos de mitigação de risco;

XVIII – órgão de pesquisa: órgão ou entidade da administração pública direta ou indireta ou pessoa jurídica de direito privado sem fins lucrativos legalmente constituída sob as leis brasileiras, com sede e foro no País, que inclua em sua missão institucional ou em seu objetivo social ou estatutário a pesquisa básica ou aplicada de caráter histórico, científico, tecnológico ou estatístico; e

XIX – autoridade nacional: órgão da administração pública responsável por zelar, implementar e fiscalizar o cumprimento desta Lei em todo território nacional.

Comentários

A lei, no seu art. 5º, trouxe definições de termos que são empregadas durante todo o texto legislativo, sendo que tais definições são de extrema importância para a delimitação da aplicabilidade da norma jurídica em apreço.

O dado pessoal de que trata a lei não se refere somente à pessoa natural identificada como também à pessoa identificável, o que abre um leque de possibilidades para a tutela da lei. Tem-se a falsa impressão de que apenas dados pessoais diretos, como nome e documentos pessoais, poderiam identificar uma pessoa. Entretanto, alguns outros dados são capazes de identificar uma pessoa a depender das circunstâncias, são os chamados dados pessoais indiretos, como, por exemplo, a geolocalização, que a princípio não é um dado pessoal, mas que em determinado momento pode levar à identificação de um único indivíduo, tornando-se nesse caso um dado pessoal.

Frise-se que dados anônimos não são dados pessoais e, portanto, não são tutelados por essa lei. São aqueles que a sua reidentificação é impossível por qualquer parte e por quaisquer meios razoavelmente possíveis. De outra sorte, os dados anonimizados são aqueles que através de técnicas, como a criptografia, não possam ser levados a identificar uma pessoa. Insta frisar que se o dado, mesmo criptografado, por exemplo, for identificado através de meios razoáveis e disponíveis à época do tratamento, possibilitando-se a sua reidentificação, ele estará sobre a tutela da lei, é o que se chama de pseudonimização do dado.

Os dados pessoais sensíveis são assim denominados por terem um tratamento diferenciado na lei, com uma tutela mais rígida, já que envolvem informações de foro mais íntimo, consoante será adiante detalhado.

Quanto ao banco de dados referido pela lei, pode ser tanto físico ou eletrônico. Com a vigência da lei, muitos bancos de dados terão que ser revistos, pois grande parte deles concentra uma quantidade infindável de dados pessoais, e que, segundo a lei, assim que atinjam sua finalidade deverão ser eliminados, o que na prática poderá ser bem complexo.

É de se prever que, quanto maior o banco de dados e mais completa a sua gama de informações, maior impacto terá caso algum incidente venha a ocorrer. Pode-se citar nesse sentido o caso do Aadhar[22] na Índia, que é o maior banco de dados nacional de pessoas no mundo e que, segundo notícias do jornal *The Tribune,* era possível comprá-lo em sua integralidade, o que significava, em 2017, mais de 1,17 milhões de identificadores únicos por R$ 500,00 (quinhentos reais), em 10 minutos, por meio do WhatsApp. Esse incidente revelou o quanto a Índia e outros países que não têm uma legislação de proteção de dados pessoais[23] podem expor seus cidadãos, que em questão de minutos têm invadidas sua intimidade e privacidade, sem qualquer instrumento hábil a punir efetivamente os responsáveis[24].

A questão da titularidade dos dados também merece destaque, na medida em que se tutela a proteção de dados pessoais de pessoa viva, não havendo previsão legal para as pessoas já falecidas. Bom ressaltar que o titular de dados é o "dono" dos dados pessoais, sendo que ele possui direitos inerentes ao tratamento de seus dados, conforme previsto nos arts. 18 e 20 da LGPD, comentados adiante.

---

22   Cartão Aadhar é um esquema nacional da Índia criado pelo governo indiano em 2009 com o objetivo de registrar e identificar toda a nação, cada pessoa com sua própria identificação única de 12 dígitos (UID). Informação disponível em: https://nakedsecurity.sophos.com/pt/2017/09/15/indias-aadhaar-digital-id-scheme-what-could-possibly-go-wrong/. Acesso em: 11 abr. 2019.

23   Em 6-1-2020, o ministro de TI da India, RS Prasad, apresentou a Lei de Proteção de Dados Pessoais de 2019 no Lok Sabha, conforme notícia disponível em: https://www.medianama.com/2020/01/223-personal-data-protection-bill-2019/. Acesso em: 10 fev. 2020. Segundo o *site* de notícias indiano: https://www.thehindu.com/business/Industry/personal-data-protection-bill-likely-to-be-tabled-in-parliament-in-budget-session/article32765880.ece, a Lei de Proteção de Dados Pessoais da Índia deve ser colocada para votação em 2021. Acesso em: 16 nov. 2020.

24   Notícia disponível em: https://www.tribuneindia.com/news/nation/rs-500-10-minutes-and-you-have-access-to-billion-aadhaar-details/523361.html. Acesso em: 11 abr. 2019.

O controlador e o operador são espécies do gênero agente de tratamento e apareceram na lei da mesma forma que o previsto no GDPR, que lá receberam a nomenclatura de *controller* (controlador) e *processor* (operador). A importância da distinção dessas duas figuras se dá principalmente quando se fala na responsabilização decorrente do tratamento indevido de dados, já que muitas vezes um agente contrata "dando as ordens", enquanto o outro executa essas ordens. A lei se aplica a ambas as figuras, tanto ao controlador quanto ao operador, sendo que há distinção em suas obrigações e responsabilizações, conforme detalhamento feito no Capítulo IV da LGPD.

Podemos citar como exemplo de operadora aquela empresa que apenas armazena os dados como prestação de serviços a outra empresa, as chamadas *Cloud Service Provider* (em português, Fornecedor de Serviços em Nuvem), em que seus servidores poderão estar localizados em diferentes países. Essa distinção entre operado e controlador também se torna importante quando o controlador é um ente público e o operador, um ente privado, o que poderá trazer diferentes tipos de responsabilização de cada ente, de acordo com sua conduta.

O consentimento do titular de dados é a forma mais conhecida do tratamento legal de dados e deve ser livre e o mais consciente possível, ou seja, o titular deve ter pleno conhecimento de quais dados estão sendo captados e exatamente para qual fim ele será utilizado, o qual perfaz a inequivocabilidade do consentimento.

Outro conceito que merece ser destacado é o do tratamento, que, em suma, se resume a toda e qualquer operação com dados pessoais, não se limitando aos exemplos pontuados pela lei; qualquer atividade que for realizada com dados pessoais será alcançada pelas determinações legais.

Frise-se que o relatório de impacto à proteção de dados é uma obrigação que todo controlador deverá cumprir. Esse relatório é uma das representações práticas do princípio da responsabilização e prestação de contas. Não basta o controlador cumprir a lei, ele deverá gerar a todo tempo evidências de que está cumprindo a lei. Neste relatório o controlador deverá demonstrar todo o tratamento de dados feitos, bem como os riscos a ele inerentes e medidas, salvaguardas e mitigações de risco.

O uso compartilhado de dados é inerente à sociedade informacional, na medida em que ele sustenta grande parte das atividades de uma empresa e dos órgãos públicos, sendo essencial para o funcionamento delas, sendo que o conceito abrange a comunicação, difusão, transferência internacional, interconexão de dados pessoais ou tratamento compartilhado. O compartilhamento poderá se dar tanto entre ente público e privado como entre entes públicos e privados entre si.

Vale destacar que os órgãos de pesquisa definidos nesse artigo são aqueles que não possuem fins lucrativos e possuem sede ou foro no Brasil. Essa conceituação restringe quais órgãos poderão tratar dados utilizando-se da base legal prevista no inciso IV do art. 7º.

A autoridade nacional será o órgão responsável por zelar, implementar e fiscalizar o cumprimento da lei, o que demonstra o tamanho de sua importância, somado ao fato de que grande parte do previsto em lei depende dessa autoridade para sua efetividade. Os vetos dos artigos que criavam a Autoridade Nacional de Proteção de Dados (ANPD) basearam-se na inconstitucionalidade do processo legislativo, por afronta ao art. 61, § 1º, II, *e*, cumulado com o art. 37, XIX, da Constituição.

Posteriormente, a Lei n. 13.853/2019, aprovada pelo Congresso Nacional em 30 de maio de 2019, criou a ANPD, de natureza jurídica transitória, sobre a qual abordaremos em pormenores nos arts. 55 e seguintes da lei.

Muito se tem questionado sobre a efetiva independência da autoridade, já que ela será indispensável para a eficácia da lei, sendo esse um dos motivos pelo qual a Lei n. 13.853/2019 colocou a Autoridade vinculada transitoriamente ao Poder Executivo pelo prazo de dois anos.

Isso pois, se a ANPD estiver permanentemente subordinada ao Poder Executivo Federal, implicaria em diferença – substancial – quanto aos modelos internacionais. No manifesto conjunto lançado, empresas afirmam que:

> A Autoridade deverá gozar de características imprescindíveis tais como independência e autonomia decisória; o mandato fixo de seus dirigentes; a manutenção do rol de atributos listados no art. 56 do PLC 53/2018, objeto de veto presidencial; ser composta por um corpo funcional estritamente técnico para realizar o gerenciamento deste tema perante seus múltiplos e distintos atores; e ter em sua estrutura um conselho consultivo multissetorial. A criação da Autoridade com essas características é essencial para consolidar no país uma estrutura institucional, apta a propiciar segurança jurídica para o tratamento de dados no país, dar efetividade aos direitos assegurados na LGPD e possibilitar que o Brasil participe do livre fluxo internacional de dados[25].

Sustenta-se que a autoridade nacional, mais do que fiscalizar, penalizar, regulamentar e conscientizar, tem um papel significativo na unificação e concentração de todos os atos relacionados à proteção de dados; até porque no ordenamento jurídico brasileiro

---

25 BARBOSA, Bia. *Autoridade de proteção de dados está nas mãos do Congresso*. Disponível em: https://congressoemfoco.uol.com.br/opiniao/colunas/autoridade-de-protecao-de-dados-esta-nas-maos-do-congresso/. Acesso em: 10 abr. 2019.

existem outras normas de proteção de dados que necessitarão se harmonizarem com a presente Lei n. 13.709/2018.

Art. 6º As atividades de tratamento de dados pessoais deverão observar a boa-fé e os seguintes princípios:

I – finalidade: realização do tratamento para propósitos legítimos, específicos, explícitos e informados ao titular, sem possibilidade de tratamento posterior de forma incompatível com essas finalidades;

II – adequação: compatibilidade do tratamento com as finalidades informadas ao titular, de acordo com o contexto do tratamento;

III – necessidade: limitação do tratamento ao mínimo necessário para a realização de suas finalidades, com abrangência dos dados pertinentes, proporcionais e não excessivos em relação às finalidades do tratamento de dados;

IV – livre acesso: garantia, aos titulares, de consulta facilitada e gratuita sobre a forma e a duração do tratamento, bem como sobre a integralidade de seus dados pessoais;

V – qualidade dos dados: garantia, aos titulares, de exatidão, clareza, relevância e atualização dos dados, de acordo com a necessidade e para o cumprimento da finalidade de seu tratamento;

VI – transparência: garantia, aos titulares, de informações claras, precisas e facilmente acessíveis sobre a realização do tratamento e os respectivos agentes de tratamento, observados os segredos comercial e industrial;

VII – segurança: utilização de medidas técnicas e administrativas aptas a proteger os dados pessoais de acessos não autorizados e de situações acidentais ou ilícitas de destruição, perda, alteração, comunicação ou difusão;

VIII – prevenção: adoção de medidas para prevenir a ocorrência de danos em virtude do tratamento de dados pessoais;

IX – não discriminação: impossibilidade de realização do tratamento para fins discriminatórios ilícitos ou abusivos;

X – responsabilização e prestação de contas: demonstração, pelo agente, da adoção de medidas eficazes e capazes de comprovar a observância e o cumprimento das normas de proteção de dados pessoais e, inclusive, da eficácia dessas medidas.

Comentários

Diferentemente do que acontecia há décadas, as transformações vêm ocorrendo em uma velocidade frenética. O trâmite legislativo, por mais célere que possa vir a ser, não consegue acompanhar os desdobramentos de uma determinada matéria, principalmente quando ela envolve tecnologia, como a de proteção de dados, tornando uma lei, desde a sua promulgação, incapaz de prever todos os potenciais conflitos e anseios de uma sociedade.

Diante de tal constatação, faz-se indispensável a aplicação de princípios, que norteiem a aplicação da lei, pois eles serão capazes de atingir eventos futuros, como novas tecnologias e distintas realidades.

A LGPD é uma lei principiológica, que traz os princípios dentre os seus artigos destacando que eles devem ser considerados em toda atividade de tratamento de dados, independentemente das mudanças que virão com o decorrer do tempo. Os seus princípios ressoam com os princípios de diversas legislações de proteção de dados do mundo.

Por ser primordial ao tratamento de dados, a boa-fé é trazida antes de todos os princípios, devendo assim pautar antes de tudo os agentes em suas condutas, o que se torna evidente quando a lei os obriga a documentar todas as cautelas tomadas e medidas adotadas no tratamento de dados, assim mesmo que algum incidente venha a ocorrer a boa-fé dos agentes em suas atitudes poderá ser atestada e será levada em conta.

Boa-fé é o comportamento que a sociedade espera do agente; é o contrário de má-fé/dolo/fraude (a má intenção). Desse modo, agir de boa-fé é ter "boa intenção", não ter intenção de prejudicar a outra parte[26].

A finalidade é um princípio deveras significativo na lei de proteção de dados, pois através dele muitos questionamentos poderão ser estancados. A coleta de dados, para que seja feita legalmente, terá sempre que respeitar a uma determinada finalidade, que diante da sua delimitação demonstrará se o tratamento foi extrapolado ou não.

Esse princípio da finalidade já estava implícito no Código de Defesa do Consumidor (Lei n. 8.087/1990) e foi positivado pela Lei do Cadastro Positivo (Lei n. 12.414/2011), art. 5º, VII. Também o Marco Civil da Internet (Lei n. 12.965/2014) o traz em seu art. 7º, VIII. Especificamente, o Código Consumerista tem por fim proteger o consumidor de possíveis riscos e danos caso seus dados pessoais (informações) fossem utilizados fora do contexto para o qual foram coletados. Dessa forma, pode-se relacionar o princípio da finalidade com o uso dos dados pessoais inseridos no contexto para o qual foram coletados, devendo, portanto, permanecerem adstritos a ele[27].

O binômio necessidade-utilidade deve estar sempre à mente daquele que trata os dados, para que eles tenham a sua finalidade respeitada. O tratamento dos dados pessoais deve estar adstrito à

---

26 TEIXEIRA, Tarcisio. *Manual da compra e venda*: doutrina, jurisprudência e prática. 3. ed. São Paulo: Saraiva, 2018. p. 28.

27 Nesse sentido, MENDES, Laura Schertel. A tutela da privacidade do consumidor na internet: uma análise à luz do Marco Civil da Internet e do Código de Defesa do Consumidor. In: DE LUCCA, Newton; SIMÃO FILHO, Adalberto; LIMA, Cíntia Rosa Pereira de (Coords.). *Direito & Internet III* – Tomo I: Marco Civil da Internet (Lei n. 12.965/2014). São Paulo: Quartier Latin, 2015. p. 487.

sua finalidade, sendo que a sua utilização além do que se presta acarretará responsabilização dos responsáveis pelo tratamento.

A finalidade, adequação e a necessidade são princípios que somados resultam no que se chama de mínimo essencial, algo como saber qual a menor quantidade de dados pessoais necessária para que se chegue ao fim pretendido de forma adequada. No momento da coleta é primordial que se esteja atento à real necessidade de se obter determinado dado pessoal para se atingir a finalidade pretendida.

No caso de dados sensíveis o cuidado deve ser redobrado. Nesse sentido, já existe uma preocupação latente com a proteção dos dados pessoais relativos à saúde, considerados sensíveis, uma vez que um banco de dados amplo e bem alimentado poderá sugerir padrões importantes para diagnóstico e tratamento de diversas doenças, ao passo que um banco de dados tão "potente" pode ser um alvo perigoso para a subtração das informações. À propósito, uma instituição norte-americana se dedicou ao tema, criando uma rede neural que criptografa o que é pessoal e libera o resto, permitindo que bancos de dados grandes possam ser compartilhados rapidamente[28]. Esse *software* é a demonstração prática do cumpri-

---

28 Uma das maiores dificuldades de aplicar tecnologias de inteligência artificial na busca por novos remédios e tratamentos está num detalhe singelo: privacidade. Inúmeros cientistas, hospitais e a própria indústria farmacêutica têm imensos bancos de dados que, coletivamente, descrevem sintomas e testes de tratamento de uma quantidade imensa de pacientes. Cruzando estes bancos, buscando a repetição de padrões, pode-se perceber taxas de sucesso de terapias que, individualmente, não chamam a atenção. Mas, no coletivo, se destacam. Porém, como liberar para todos estes dados sem divulgar, também, o que é confidencial de cada paciente? Pois uma equipe do MIT (Instituto de Tecnologia de Massachusetts – EUA) resolveu o problema: criou um sistema, uma rede neural, que criptografa o que é pessoal e libera o resto, permitindo que bancos de dados grandes possam ser compartilhados rapidamente. Sem que alguém,

mento ao princípio da finalidade, adequação e necessidade, na medida em que só os dados pessoais necessários para atingir certa finalidade serão utilizados.

No GDPR fala-se no princípio da *purpose limitation* (em português, limitação de propósito), em que atingida a finalidade para o qual o dado foi coletado, ele deverá ser excluído para que a limitação do propósito seja respeitada.

O livre acesso aos dados, por mais óbvio que pareça ser, na prática encontra muitos óbices, basta o usuário requerer a alguma instituição financeira ou operadora de telefonia que lhe forneça todos os seus dados pessoais para encontrar uma grande dificuldade. Algumas empresas que possuem alcance global e que já enfrentam as regulamentações estrangeiras, como a europeia e a norte-americana, já se adequaram a esse princípio, como é o caso do WhatsApp, do Instagram e do Facebook, que fornecem todos os dados coletados do usuário através de simples requerimento no aplicativo ou na página[29].

A qualidade dos dados pressupõe que o titular de dados deve ter garantido que seus dados pessoais sejam coletados com exatidão, clareza e relevância e, caso isso não ocorra, poderá requerer a sua correção.

A previsão de correção de dados já encontra previsão constitucional por meio do *habeas data*, mas diferentemente do que propõe

---

manualmente, precise expurgar aquilo que garante privacidade. A técnica já começou a ser aplicada. Disponível em: https://www.dasa.com.br/pesquisadores-do-mit-avancam-com-solucoes-para-compartilhamento-de-dados-de-saude?utm_source=meio&utm_medium=email. Acesso em: 20 maio 2019.

29 Para saber como acessar os dados coletados pelo Facebook e Instagram, acesse: https://www.facebook.com/help/instagram/155833707900388/. Do WhatsApp, acesse: https://faq.whatsapp.com/pt_br/26000110/?category=5245246.

o presente texto legislativo de proteção de dados, o *habeas data* garante ao cidadão tão somente a sua defesa contra as arbitrariedades do governo, o que se justifica pelas consequências do período ditatorial, que influenciou diretamente o constituinte de 1988[30].

Aquele que trata os dados pessoais deve se preocupar em tê-los sempre atualizados de forma a evitar qualquer tipo de informação desconexa com a realidade, o que poderá acarretar o desvio da finalidade pelo qual os dados pessoais foram coletados. A garantia aqui prevista pretende que o titular tenha seus dados sempre atualizados e corretos, podendo o controlador sofrer sanções administrativas caso não os mantenha atualizados ou se negue a corrigir dados equivocados.

Com a utilização da inteligência artificial e da internet das coisas (IoT), a qualidade dos dados se torna substancial para a definição de padrões, visto que decisões são tomadas a partir da coleta massiva de dados que alimentam os algoritmos, o que significa que eventual *input* de dados incorretos pode levar a decisões injustas ou equivocadas.

A transparência pressupõe que o titular terá livre acesso às informações claras e precisas sobre o tratamento de seus dados pessoais, o que não significa, entretanto, um acesso irrestrito, já que ele não poderá ter acesso ao segredo industrial de um negócio ou a outras informações essenciais à realização do negócio. O controlador poderá, por exemplo, a pedido do titular, fornecer quais dados pessoais estão sendo tratados, sem fornecer como utiliza tais dados para a realização do seu negócio.

---

30 SARDETO, Patricia Eliane da Rosa. *Proteção de dados pessoais*: conhecendo e construindo uma nova realidade. Londrina, PR: Gradual, 2011. p. 55.

Para Rony Vainzof:

O princípio da segurança, assim como previsto no GDPR, prevê que os agentes de tratamento, de acordo com as técnicas mais avançadas, os custos de aplicação e a natureza, o âmbito, o contexto e as finalidades do tratamento, bem como os riscos de probabilidade e gravidade variável para os titulares também deverão aplicar medidas técnicas e organizativas para assegurar um nível de segurança adequado ao risco, mitigando, assim, as hipóteses de *data breach* (violação de dados, em português), bem como, caso ocorra algum incidente, que os efeitos colaterais sejam reduzidos[31].

As medidas técnicas e organizativas, além de traduzirem o princípio da segurança, também se referem ao da prevenção, que abrange não somente técnicas, mas quaisquer outras ações que visem evitar a ocorrência de danos decorrentes do tratamento de dados, tais como o desenvolvimento de treinamentos e *awareness* (prática de estar vigilante, ciente). De acordo com o princípio da prevenção, a empresa deverá, via um projeto de adequação à LGPD, conhecer onde está o tratamento de dados, as suas vulnerabilidades e as prioridades de tratamento, fazendo um "raio x" da empresa para prevenir-se de possíveis incidentes.

A não discriminação encontra respaldo no princípio constitucional da igualdade, em que todos são iguais perante a lei e na lei, sendo vedado ao agente de tratamento qualquer tratamento de dados para fins discriminatórios, ilícitos ou abusivos.

O princípio da responsabilização e prestação de contas significa a obrigação de se gerar evidências a todo tempo do cumpri-

---

31 VAINZOF, Rony. Dados pessoais, tratamento e princípios. In: MALDONADO, Viviane Nóbrega; BLUM, Renato Ópice. *Comentários ao GDPR*. São Paulo: Thomson Reuters Brasil, 2018. p. 80-81.

mento da lei, o que pode ser equiparado ao previsto no art. 7º, VIII, da Lei n. 12.846/2013 (Lei Anticorrupção) ao prever que, dentre outras medidas, serão levadas em consideração para aplicação da sanção a existência de mecanismos e procedimentos internos de integridade, auditoria e incentivo à denúncia de irregularidades e a aplicação efetiva de códigos de ética e de conduta no âmbito da pessoa jurídica[32].

Em outras palavras, a cultura dos agentes de tratamento, sejam eles públicos ou privados, será de a todo tempo documentar, da melhor maneira possível, tudo o que está sendo feito para se cumprir a lei, evitando-se dessa maneira possíveis incidentes ou tratamentos ilícitos e, caso eles ocorram, havendo a responsabilização dos agentes, todas essas práticas serão levadas em conta.

Capítulo II
DO TRATAMENTO DE DADOS PESSOAIS

Seção I
Dos requisitos para o tratamento de dados pessoais

Art. 7º O tratamento de dados pessoais somente poderá ser realizado nas seguintes hipóteses:

I – mediante o fornecimento de consentimento pelo titular;

II – para o cumprimento de obrigação legal ou regulatória pelo controlador;

III – pela administração pública, para o tratamento e uso compartilhado de dados necessários à execução de políticas públicas previstas em

---

32 Para aprofundar no estudo do Marco Civil da Internet, veja: TEIXEIRA, Tarcisio; BATISTI, Beatriz; SALES, Marlon de. *Lei anticorrupção*: comentada dispositivo por dispositivo. São Paulo: Almedina, 2016. p. 13 e s.

leis e regulamentos ou respaldadas em contratos, convênios ou instrumentos congêneres, observadas as disposições do Capítulo IV desta Lei;

IV – para a realização de estudos por órgão de pesquisa, garantida, sempre que possível, a anonimização dos dados pessoais;

V – quando necessário para a execução de contrato ou de procedimentos preliminares relacionados a contrato do qual seja parte o titular, a pedido do titular dos dados;

VI – para o exercício regular de direitos em processo judicial, administrativo ou arbitral, esse último nos termos da Lei n. 9.307, de 23 de setembro de 1996 (Lei de Arbitragem);

VII – para a proteção da vida ou da incolumidade física do titular ou de terceiro;

VIII – para a tutela da saúde, exclusivamente, em procedimento realizado por profissionais de saúde, serviços de saúde ou autoridade sanitária;

IX – quando necessário para atender aos interesses legítimos do controlador ou de terceiro, exceto no caso de prevalecerem direitos e liberdades fundamentais do titular que exijam a proteção dos dados pessoais; ou

X – para a proteção do crédito, inclusive quanto ao disposto na legislação pertinente.

§ 1º (Revogado).

§ 2º (Revogado).

§ 3º O tratamento de dados pessoais cujo acesso é público deve considerar a finalidade, a boa-fé e o interesse público que justificaram sua disponibilização.

§ 4º É dispensada a exigência do consentimento previsto no *caput* deste artigo para os dados tornados manifestamente públicos pelo titular, resguardados os direitos do titular e os princípios previstos nesta Lei.

§ 5º O controlador que obteve o consentimento referido no inciso I do *caput* deste artigo que necessitar comunicar ou compartilhar dados pessoais com outros controladores deverá obter consentimento específico do titular para esse fim, ressalvadas as hipóteses de dispensa do consentimento previstas nesta Lei.

§ 6º A eventual dispensa da exigência do consentimento não desobriga os agentes de tratamento das demais obrigações previstas nesta Lei, especialmente da observância dos princípios gerais e da garantia dos direitos do titular.

§ 7º O tratamento posterior dos dados pessoais a que se referem os §§ 3º e 4º deste artigo poderá ser realizado para novas finalidades, desde que observados os propósitos legítimos e específicos para o novo tratamento e a preservação dos direitos do titular, assim como os fundamentos e os princípios previstos nesta Lei.

Comentários

O consentimento é trazido por muitos como a hipótese principal para o tratamento de dados, entretanto não há qualquer grau de hierarquia entre as dez hipóteses legais estabelecidas pela LGPD para o tratamento de dados.

Pode-se afirmar que o consentimento do titular, mesmo diante de novas possibilidades legais de tratamento, continua a ter certa preferência sobre os demais, pois geralmente facilita a obrigação do agente de tratamento em demonstrar que o tratamento foi feito dentro de uma hipótese legal, ante o princípio da *accountability* (prestação de contas). Insta ressaltar que o consentimento autoriza tão somente o agente que o obteve, não se estendendo a outras pessoas para quem possa compartilhar os dados, devendo, para esse caso, obter o consentimento específico do titular, a não ser que outra hipótese legal justifique o seu compartilhamento.

Levando-se em consideração as mudanças estabelecidas com o GDPR, tem-se que as condições de consentimento foram reforçadas e as empresas não podem mais usar termos e condições longos e ilegíveis, cheios de legalistas. O pedido de consentimento deve ser dado de uma forma inteligível e de fácil acesso, com o propósito de processamento de dados anexado a esse consentimento. O consentimento deve ser claro e distinguível de outros assuntos e ser fornecido de uma forma inteligível e de fácil acesso, usando linguagem clara e objetiva. Deve ser tão fácil retirar o consentimento quanto dar[33].

É bom lembrar que, em algumas hipóteses, o próprio titular torna seus dados manifestamente públicos, o que significa que qualquer pessoa poderá ter acesso a eles, não se exigindo nesse caso o consentimento do titular para que o agente realize o tratamento, desde que haja critérios para tanto.

A Lei n. 13.853/2019 acrescentou o § 7º, reforçando o fato de que o tratamento de dados pessoais que foram tornados públicos pelo seu titular deve ser feito de forma cautelosa, respeitando-se fundamentalmente os direitos do titular e os princípios norteadores da lei.

O cumprimento de obrigação legal ou regulatória consiste no controlador poder tratar dados pessoais, mesmo sem o consentimento do titular, quando tiver que cumprir alguma determinação legal ou regulamentação. Pode-se citar, por exemplo, o caso de um empregador que necessite informar os dados do seu empregado para fins da seguridade social ou mesmo em casos de fiscalização do Ministério do Trabalho. O empregador não precisará de consentimento do seu empregado para tratar os dados pessoais de seus empregados. Nesse caso, porém, quando da contratação de seu funcionário, o empregador terá que informá-lo dentro de quais

---

33 Tradução livre sobre o consentimento previsto no GDPR. Disponível em: https:// eugdpr.org/the-regulation/. Acesso em: 19 maio 2019.

possibilidades seus dados poderão ser tratados, atendendo-se assim ao princípio da transparência.

O inciso III possibilita que a Administração Pública trate dados, mas delimita esse tratamento à utilização dele para a consecução de políticas públicas previstas em lei ou regulamentos. A realidade é que o Poder Público é um dos grandes agentes de tratamento de dados e isso se deve ao fato de que visa o bem coletivo, demandando a coleta de dados pessoais para a consecução de políticas públicas, o que justifica a ausência de consentimento para esse fim.

Uma empresa poderá utilizar-se da base legal prevista no inciso IV quando, por exemplo, tratar dados pessoais para efetuar a entrega de uma mercadoria, já que está executando um contrato. Ou para consultar o CEP de um cliente visando o cálculo do frete, por ser um procedimento preliminar relacionado a um contrato, a pedido do titular de dados[34].

Em casos de exercício regular de direito em um processo judicial, administrativo ou arbitral, poderá haver o tratamento de dados pessoais, mesmo sem o consentimento do titular, como, por exemplo, para fornecer os dados pessoais de uma testemunha ou de um réu para o ajuizamento de uma ação ou a juntada de provas que contenham dados pessoais. O Tribunal de Justiça de São Paulo, por exemplo, em seu portal de serviços para o trâmite de processos eletrônicos (e-SAJ) possui a opção de juntar documentos como "documento sigiloso", de forma que somente as partes tenham acesso àquele documento, mesmo que o processo não esteja em segredo de justiça, tornando o acesso aos dados pessoais mais restrito.

---

34 Sobre contratação eletrônica, veja: TEIXEIRA, Tarcisio. *LGPD e e-commerce*. 2. ed. São Paulo: Saraiva, 2021. p. 21 e s.

Vale ter em conta que a arbitragem pode ser considerada um método alternativo (ao Poder Judiciário) de solução de conflitos, que tem sido utilizada como forma de resolver litígios entre pessoas, com mais celeridade e especialidade, além do sigilo da decisão. Regida pela Lei n. 9.307/96, em sua maioria, o uso da arbitragem ocorre para solucionar conflitos entre grandes empresas em contratos relevantes e por agentes que operam no comércio exterior, ou seja, nos contratos internacionais[35].

A hipótese legal esculpida no inciso VII implica a flexibilização do princípio da privacidade diante de um princípio mais importante que é o de preservação da vida e da incolumidade física do indivíduo. Exemplifica-se, no caso de um acidente automobilístico, que um terceiro pega os documentos pessoais dos acidentados para informar os serviços de resgate e a polícia.

Já a tutela da saúde, prevista no inciso VIII, traz um complemento ao inciso anterior, uma vez que também relativiza o princípio da privacidade e intimidade para a tutela da sua saúde. Em caso de profissionais da saúde, serviços de saúde ou mesmo de entidades sanitárias, os dados pessoais do titular poderão ser tratados se forem necessários à preservação da saúde do indivíduo ou mesmo da coletividade em procedimentos, como, por exemplo, quando os prestadores de serviço de um laboratório confirmam os dados do paciente antes de coletar seu sangue.

O inciso IX traz uma gama de possibilidades para que o controlador trate dados pessoais pelo chamado "legítimo interesse seu

---

35 TEIXEIRA, Tarcisio. *Direito empresarial sistematizado*: doutrina, jurisprudência e prática. 8. ed. São Paulo: Saraiva, 2019. p. 412 e s. Para um estudo aprofundado, veja: TEIXEIRA, Tarcisio; LIGMANOVSKI, Patricia Ayub da Costa. *Arbitragem em evolução*: aspectos relevantes após a reforma da lei arbitral. Barueri, SP: Manole, 2017.

ou de terceiro". O legítimo interesse do controlador ou de terceiro poderá abarcar múltiplas hipóteses de tratamento de dados, como no caso de ações de *marketing* de uma empresa ou para se evitar uma fraude.

A lei brasileira se baseou em grande parte no regulamento europeu, sendo que a partir das "considerandas"[36] 47, 48 e 49 do GDPR faremos a análise desse inciso. Tais considerandas abordam o conceito de legítimo interesse, bem como citam o legítimo interesse para a segurança da rede e da informação e o legítimo interesse entre empresas do mesmo grupo econômico.

Esse interesse legítimo pode existir em uma relação relevante e apropriada entre o titular dos dados e o responsável pelo tratamento em situações como, por exemplo, quando o titular dos dados é um cliente ou está a serviço do responsável pelo tratamento. De qualquer forma, a existência de um interesse legítimo necessitaria de uma avaliação cuidadosa, incluindo se um titular de dados pode razoavelmente esperar no momento e no contexto da recolha de dados pessoais em que o processamento para esse fim pode ter lugar. Os interesses e os direitos fundamentais da pessoa em causa poderiam, em especial, sobrepor-se ao interesse do responsável pelo tratamento no caso de os dados pessoais serem processados em circunstâncias em que os titulares de dados não esperem razoavelmente um processamento posterior[37].

Ainda, o tratamento de dados pessoais poderá ser feito por meio da base legal do legítimo interesse, na medida do estritamen-

---

36 Consideranda ou *recitals* são considerações iniciais feitas no GDPR trazendo os conceitos e as abordagens necessárias para melhor elucidação da lei.

37 Definição de legítimo interesse constante na consideranda 47 do GDPR. Disponível em: https://gdpr-info.eu/recitals/no-47/. Acesso em: 22 maio 2019.

te necessário e proporcional, para garantir a segurança da rede e da informação, ou seja, a capacidade de uma rede ou sistema de informação resistir, a um determinado nível de confiança, a eventos acidentais ou ações ilícitas/maliciosas que comprometem a disponibilidade, autenticidade, integridade e confidencialidade dos dados pessoais armazenados ou transmitidos, e a segurança dos serviços relacionados oferecidos ou acessíveis por essas redes e sistemas pelas autoridades públicas[38].

A proteção ao crédito também autoriza o tratamento de dados, garantindo-se o crescimento da economia como um todo e a preservação da sociedade, precedendo o interesse individual do titular, que está inadimplente ou que é um mau pagador. Essa hipótese engloba ainda o tratamento de dados pessoais para compor o *score* (pontuação, em português) do indivíduo e para a prevenção antifraude a ser adotada pelo agente de tratamento.

Assim, não poderá, por exemplo, o titular solicitar a exclusão de seus dados pessoais dos cadastros de restrição ao crédito ou mesmo se negar a fornecer dados pessoais para pleitear financiamento em uma instituição financeira. É de se rememorar que a proteção ao crédito também é vislumbrada na Lei do Cadastro Positivo (Lei n. 12.414/2011), que disciplina a formação e consulta a bancos de dados com informações de adimplemento, de pessoas naturais ou de pessoas jurídicas, para formação de histórico de crédito.

Art. 8º O consentimento previsto no inciso I do art. 7º desta Lei deverá ser fornecido por escrito ou por outro meio que demonstre a manifestação de vontade do titular.

---

38   Tradução livre de um trecho da consideranda 49. Disponível em https://gdpr-info.eu/recitals/no-49/. Acesso em: 22 maio 2019.

§ 1º Caso o consentimento seja fornecido por escrito, esse deverá constar de cláusula destacada das demais cláusulas contratuais.

§ 2º Cabe ao controlador o ônus da prova de que o consentimento foi obtido em conformidade com o disposto nesta Lei.

§ 3º É vedado o tratamento de dados pessoais mediante vício de consentimento.

§ 4º O consentimento deverá referir-se a finalidades determinadas, e as autorizações genéricas para o tratamento de dados pessoais serão nulas.

§ 5º O consentimento pode ser revogado a qualquer momento mediante manifestação expressa do titular, por procedimento gratuito e facilitado, ratificados os tratamentos realizados sob amparo do consentimento anteriormente manifestado enquanto não houver requerimento de eliminação, nos termos do inciso VI do *caput* do art. 18 desta Lei.

§ 6º Em caso de alteração de informação referida nos incisos I, II, III ou V do art. 9º desta Lei, o controlador deverá informar ao titular, com destaque de forma específica do teor das alterações, podendo o titular, nos casos em que o seu consentimento é exigido, revogá-lo caso discorde da alteração.

Comentários

O consentimento do titular deverá ser livre e "granularizado", ou seja, colhido de grão em grão, em que o titular vai consentindo à medida que seus dados são coletados. Em caso de *sites*/aplicativos que utilizam *cookies*, é importante ressaltar que, para cada propósito de utilização do *cookie* (*performance*, *marketing* etc.), o titular deverá ser informado de maneira que ele possa optar para qual ou para quais finalidades ele consente o tratamento de seus dados pessoais, e, em caso de algum *cookie* indispensável ao funcionamento do *site* ou aplicativo, o titular deverá ser comunicado da existência desse *cookie*. Nesse caso, ressaltamos que o *cookie* é considerado um dado pessoal, na medida em que identifica ou pode identificar uma só pessoa.

Para cada finalidade será colhido um consentimento específico, sendo que o titular consente a utilização de seus dados pessoais para um propósito informado previamente, atendendo-se ao princípio da transparência. Mister destacar que a mesma facilidade com que se consente deve ser para revogar o seu consentimento.

O legislador esclarece que o consentimento deverá ser livre, inequívoco e informado, ou seja, a partir da vigência da lei acaba-se o consentimento tácito. O titular dos dados pessoais deve ter a certeza de que aqueles dados que estão sendo fornecidos serão coletados e utilizados especificamente para o fim ora informado, o que poderá ser feito mediante declaração ou ato positivo. Opta-se, portanto, pelo sistema *opt-in* (opção de entrar), ao invés do *opt-out* (opção de sair).

O consentimento informado significa que ele deve ser ostensivo e a sua percepção é indispensável, o que determina como a prática de colher o consentimento deve se iniciar, sendo de extrema relevância a sua percepção pelo titular de dados[39].

A norma brasileira segue o padrão europeu e argentino quanto à necessidade de autorização expressa do usuário para a coleta de dados, bem como para o seu uso, armazenamento e tratamento de dados pessoais (sistema *opt-in*). Ao contrário, os Estados Unidos seguem o sistema *opt-out*, em que se pode utilizar os dados livremente independentemente de prévio consentimento; mas se o usuário solicitar a exclusão de seus dados e/o não envio de mensagens e, ainda sim, o remetente insistir, isso é considerado crime[40].

---

39 BIONI, Bruno Ricardo. *Proteção de dados pessoais*: a função e os limites do consentimento. 2. ed. Rio de Janeiro: Forense, 2021. p.180.

40 TEIXEIRA, Tarcisio. *Direito digital e processo eletrônico*. 5. ed. São Paulo: Saraiva, 2018. p. 114.

A *California Consumer Privacy Act* (CCPA), norma que traz os direitos de privacidade para os consumidores do estado da Califórnia (EUA), prevê que as empresas que se enquadram nos requisitos da lei deverão disponibilizar em seus *sites* e/ou aplicativos um *link* para que o titular possa efetuar o *opt-out* quanto à venda de seus dados (*Do Not Sell My Personal Information*), exceto para menores de 16 anos, que só poderão ter seus dados pessoais vendidos caso efetuem o *opt-in*[41].

Ademais, o coletor não poderá passar esses dados adiante sem um novo consentimento expresso do seu titular, que deverá estar ciente do fim a que será utilizado. O titular deve saber quem é o agente de tratamento; se for um conglomerado de empresas, ele deve saber com exatidão todas as empresas pertencentes ao grupo que poderão tratar seus dados.

E o consentimento poderá ser colhido por qualquer meio, não havendo a necessidade de ser renovado, salvo se houver a mudança na finalidade que *a priori* foi informada, conforme determina o artigo seguinte. Diferentemente do que se pratica nos dias atuais, não há necessidade de que o consentimento seja colhido por documento padrão e formal. Muito pelo contrário, com vistas a se obter o entendimento do titular, será necessário que os agentes de tratamento adotem medidas criativas e linguagem clara e direta para coleta do seu consentimento válido.

O Marco Civil da Internet trazia também em seu art. 7º, VII, que o fornecimento a terceiros dos dados pessoais dos usuários só

---

41 Segundo a CCPA, as empresas que estarão sujeitas à lei devem atender a um ou mais requisitos, dentre os quais: i) receita anual bruta superior a US$ 25 milhões; ii) recebe ou vende informações pessoais de 50.000 ou mais consumidores, famílias ou dispositivos; iii) obtém 50% ou mais das receitas anuais da venda de informações pessoais dos consumidores.

poderia ser feito mediante consentimento livre, *expresso* e informado, diferentemente da LGPD, que prevê um consentimento livre, *inequívoco* e informado. As duas palavras se diferem na medida em que não basta o titular de dados externar o seu consentimento, faz-se necessário que não paire dúvidas de que o titular consentiu a utilização de seus dados pessoais para aquele fim.

Para que o consentimento do usuário seja inequívoco, a coleta, o uso, o armazenamento e o tratamento de dados pessoais devem acontecer de maneira a se destacar das outras cláusulas.

Também, o Marco Civil da Internet brasileiro, art. 7º, IX, exige que o consentimento do usuário deva ocorrer separadamente das outras cláusulas contratuais que compõem o negócio jurídico em questão.

A inequivocabilidade do consentimento traz à tona a precisão de tecnologia capaz de oferecer ao titular de dados que navegue, por exemplo, por uma página na internet e possa utilizá-la sabendo que seus dados estão sendo coletados para determinado fim, utilizando-se, no caso, do chamado *privacy by design* (privacidade desde a concepção) e o *privacy by default* (privacidade por padrão).

O conceito de *privacy by design* vem previsto nas considerandas do GDPR e tem destaque quando se fala no consentimento inequívoco. Tal previsão no regulamento europeu aponta para a tendência de se prever em lei obrigações relacionadas à privacidade desde a concepção (*privacy by design*), o que certamente impactará o mercado digital como um todo, e as suas atividades empresariais, já que os modelos de negócio atualmente praticados precisarão ser revisados e atualizados para oferecer ao usuário a proteção de seus dados pessoais de forma eficaz[42].

---

42 SEGALA, Carla; VAINZOF, Rony. *Privacy by design e proteção de dados pessoais*. Dis-

Para Bruno Bioni[43]:

> Nesse sentido, uma das possíveis interpretações será analisar de que modo a configuração de serviços e produtos deve, por padrão, coletar a menor quantidade possível de dados. O titular de dados seria estimulado a reconfigurá-las para fazer uso de determinadas funcionalidades, o que poderá ser visto como ação inequívoca da sua parte.

Quando da eficácia plena do GDPR, muitas páginas da internet ficaram inacessíveis por não estarem adequadas às determinações do regulamento europeu, dentre elas faltava às páginas a tecnologia necessária à obtenção do consentimento inequívoco do usuário antes de coletar seus dados pessoais. E mesmo após meses, mais de mil *sites* nos EUA continuaram inacessíveis[44], o que evidencia a indispensabilidade de planejamento de empresas para que busquem tecnologia capaz de adequar os meios pelos quais se coletam dados pessoais para que estejam dentro da previsão legislativa.

Art. 9º O titular tem direito ao acesso facilitado às informações sobre o tratamento de seus dados, que deverão ser disponibilizadas de forma clara, adequada e ostensiva acerca de, entre outras características previstas em regulamentação para o atendimento do princípio do livre acesso:

I – finalidade específica do tratamento;

II – forma e duração do tratamento, observados os segredos comercial e industrial;

---

ponível em: http://portaldaprivacidade.com.br/2016/07/06/privacy-by-design-e--protecao-de-dados-pessoais/. Acesso em: 19 jun. 2019.

43 BIONI, Bruno Ricardo. *Proteção de dados pessoais*: a função e os limites do consentimento. 2. ed. Rio de Janeiro: Forense, 2021. p.187.

44 Disponível em: https://www.poder360.com.br/nieman/apos-2-meses-de-gdpr-mais--de-1000- sites-nos-eua-ainda-estao-indisponiveis/. Acesso em: 18 maio 2019.

III – identificação do controlador;

IV – informações de contato do controlador;

V – informações acerca do uso compartilhado de dados pelo controlador e a finalidade;

VI – responsabilidades dos agentes que realizarão o tratamento; e

VII – direitos do titular, com menção explícita aos direitos contidos no art. 18 desta Lei.

§ 1º Na hipótese em que o consentimento é requerido, esse será considerado nulo caso as informações fornecidas ao titular tenham conteúdo enganoso ou abusivo ou não tenham sido apresentadas previamente com transparência, de forma clara e inequívoca.

§ 2º Na hipótese em que o consentimento é requerido, se houver mudanças da finalidade para o tratamento de dados pessoais não compatíveis com o consentimento original, o controlador deverá informar previamente o titular sobre as mudanças de finalidade, podendo o titular revogar o consentimento, caso discorde das alterações.

§ 3º Quando o tratamento de dados pessoais for condição para o fornecimento de produto ou de serviço ou para o exercício de direito, o titular será informado com destaque sobre esse fato e sobre os meios pelos quais poderá exercer os direitos do titular elencados no art. 18 desta Lei.

Comentários

Os princípios do livre acesso e da transparência garantem ao titular de dados o acesso facilitado a todas as informações sobre o tratamento dos seus dados, possibilitando que o titular tenha a certeza de que seus dados serão coletados para o fim informado; bem como quem tratará esses dados, com quem o controlador poderá compartilhá-los, quais serão as responsabilidades dos agentes e quais são os seus direitos como titular.

Esse artigo, sob comento, traz ao controlador não só responsabilidades legais que terão de ser assumidas, mas também indispensáveis adequações técnicas que permitam ao titular ter o conhecimento pleno de quais de seus dados serão tratados, por quem e para qual fim. Com a eficácia plena do GDPR foi possível verificar o quão complexo é esse processo de adequação para que o controlador atenda satisfatoriamente aos requisitos da lei. A maioria das operações é feita a partir de um clique, o que significa que esse clique deve ser desdobrado em vários cliques, que de forma clara, adequada e ostensiva informe ao titular todas as informações a que ele tem direito ao ter coletado seus dados pessoais.

A tecnologia terá que estar associada ao direito utilizando-se de uma arquitetura tecnológica que vise assegurar que o titular de dados terá o acesso previsto nesse artigo.

A privacidade por padrão, ou *privacy by default*, outro conceito previsto no GDPR, e que tem seu atingimento estendido para as demais legislações de proteção de dados, é uma ideia já difundida de que direito e tecnologia devem andar juntos, de forma que a proteção dos dados pessoais do titular seja pensada quando do desenvolvimento do produto ou serviço, possibilitando a efetividade da normatização dos comportamentos sociais na internet[45].

O § 1º menciona o caso de conteúdo enganoso, abusivo, quando as informações não forem apresentadas com transparência, de forma clara e inequívoca à luz e semelhança do que já prevê o Código de Defesa do Consumidor quando fundamenta o direito à

---

45   LIMA, Cíntia Rosa Pereira de; BIONI, Bruno Ricardo. A proteção de dados pessoais na fase de coleta: apontamentos sobre a adjetivação do consentimento implementada pelo artigo 7, incisos VIII e IX do Marco Civil da Internet a partir da Human Computer Interaction e da Privacy by Default. In: DE LUCCA, Newton; SIMÃO FILHO, Adalberto; LIMA, Cíntia Rosa Pereira de (Coords.). *Direito & Internet III* – Tomo I: Marco Civil da Internet (Lei n. 12.965/2014). São Paulo: Quartier Latin, 2015. p. 277.

informação presente em seus arts. 4º, *caput*, 6°, III, 8°, *caput*, 31, 37, § 3°, 46 e 54, §§ 3° e 4°, que implica em assegurar ao consumidor a plena ciência da exata extensão das obrigações assumidas perante o fornecedor. Na hipótese desse parágrafo o consentimento será considerado nulo, que é o que ocorre com o consumidor que é induzido ao erro, por exemplo.

No mesmo sentido, o Marco Civil da Internet previu que todas as cláusulas contratuais que ofendessem o sigilo das comunicações privadas seriam consideradas nulas de pleno direito. Assim, a elaboração de termos de uso e privacidade terá que seguir uma dinâmica diferenciada do que tem sido feito até hoje, pois qualquer cláusula que implique danos ao titular ou à sua privacidade será considerada como não escrita, como já acontece com os contratos de adesão no direito do consumidor. Estabelece-se um novo paradigma que provavelmente só se estabelecerá com firmeza após a "enxurrada" de demandas judiciais que se imagina nos próximos anos[46].

Art. 10. O legítimo interesse do controlador somente poderá fundamentar tratamento de dados pessoais para finalidades legítimas, consideradas a partir de situações concretas, que incluem, mas não se limitam a:

I – apoio e promoção de atividades do controlador; e

II – proteção, em relação ao titular, do exercício regular de seus direitos ou prestação de serviços que o beneficiem, respeitadas as le-

---

46   KLEE, Antonia Espíndola Longoni; MARTINS, Guilherme Magalhães. A privacidade, a proteção de dados e dos registros pessoais e a liberdade de expressão: algumas reflexões sobre o Marco Civil da Internet no Brasil (Lei n. 12.965/2014). In: DE LUCCA, Newton; SIMÃO FILHO, Adalberto; LIMA, Cíntia Rosa Pereira de (Coords.). *Direito & Internet III* – Tomo I: Marco Civil da Internet (Lei n. 12.965/2014). São Paulo: Quartier Latin, 2015. p. 347.

gítimas expectativas dele e os direitos e liberdades fundamentais, nos termos desta Lei.

§ 1º Quando o tratamento for baseado no legítimo interesse do controlador, somente os dados pessoais estritamente necessários para a finalidade pretendida poderão ser tratados.

§ 2º O controlador deverá adotar medidas para garantir a transparência do tratamento de dados baseado em seu legítimo interesse.

§ 3º A autoridade nacional poderá solicitar ao controlador relatório de impacto à proteção de dados pessoais, quando o tratamento tiver como fundamento seu interesse legítimo, observados os segredos comercial e industrial.

Comentários

O legítimo interesse é uma das bases legais para o tratamento de dados e confere ao controlador uma variedade de hipóteses para que possa tratar a sua base de dados. O presente artigo deixa claro que o agente de tratamento somente poderá utilizar os dados pessoais para fins legítimos e apresenta algumas possibilidades de forma exemplificativa, uma vez que não se limita ao apoio e promoção das atividades do controlador e para defesa dos interesses do titular.

O legislador cita nos dois primeiros parágrafos expressamente o cumprimento dos princípios da finalidade, necessidade e transparência a fim de nortear o tratamento de dados baseado no legítimo interesse que, mesmo oferecendo uma gama de possibilidades ao controlador, não o autoriza a utilizá-los indiscriminadamente.

Isso significa que o legítimo interesse não é uma "carta branca" ao controlador para poder tratar os dados como quiser. Tem que haver uma relação relevante e apropriada entre o titular dos dados e o responsável pelo tratamento, ou seja, o titular de dados ou é cliente ou está a serviço do responsável pelo tratamento dos dados.

Também se fala aqui na prevenção ou controle de fraudes, em que o titular tem de prever que seus dados poderão ser tratados.

A Diretriz n. 217 do art. 29 do grupo de estudos europeu criado enquanto vigorava a Diretiva 95/46/CE do Parlamento Europeu e do Conselho, conhecido como Working Party Article 29 (WP29)[47], pontuava que legítimo interesse deve ser lícito, suficientemente claro de forma a permitir fazer um teste de equilíbrio (proporcionalidade e efetividade), e deve ter um interesse efetivo e real.

O § 2º mencionava o dever do controlador no que tange à sua responsabilidade pelo princípio da *accountability* (prestação de contas), a capacidade dele de demonstrar que o tratamento de dados se baseou em seu legítimo interesse. Não basta o controlador alegar essa base legal, ele precisa conseguir demonstrar que houve concretamente o legítimo interesse.

Outro fator que deve ser levado em consideração ao se optar pela base legal do legítimo interesse é o risco jurídico que ele representa, sendo que seus elementos devem ser avaliados e documentados em relatório de impacto à proteção de dados pessoais, que poderá ser revisado ou mesmo contestado pela ANPD[48].

Para Marcel Leonardi[49] o uso correto da base legal do legítimo interesse é indispensável para o impulsionamento da economia atual e do crescimento futuro:

---

47 Disponível em: https://ec.europa.eu/justice/article-29/documentation/opinion-recommendation/files/2014/wp217_en.pdf., p. 40. Acesso em: 19 maio 2019.

48 LEONARDI, Marcel. "Legítimo Interesse" in Lei Geral de Proteção de Dados. *Revista do Advogado*, n. 144, nov. 2019. AASP, p. 69.

49 LEONARDI, Marcel. "Legítimo Interesse" in Lei Geral de Proteção de Dados. *Revista do Advogado*, n. 144, nov. 2019. AASP, p. 71.

Dados sem *insight* são inúteis – em realidade, dados brutos estão para o conhecimento assim como a areia está para os *chips* de silício. Dados bem utilizados – dados "inteligentes" – permitem análises profundas e conhecimento integrado que beneficiam toda a sociedade. A análise inteligente de dados é um dos principais impulsionadores da economia atual e do crescimento futuro – e isso só se faz possível mediante o emprego correto do legítimo interesse como base legal de tratamento.

Nesse contexto, a base legal do legítimo interesse é salutar ao cumprimento de um dos fundamentos da lei previsto no art. 2º, V, que é o desenvolvimento econômico e tecnológico e a inovação.

Seção II
Do tratamento de dados pessoais sensíveis

Art. 11. O tratamento de dados pessoais sensíveis somente poderá ocorrer nas seguintes hipóteses:

I – quando o titular ou seu responsável legal consentir, de forma específica e destacada, para finalidades específicas;

II – sem fornecimento de consentimento do titular, nas hipóteses em que for indispensável para:

a) cumprimento de obrigação legal ou regulatória pelo controlador;

b) tratamento compartilhado de dados necessários à execução, pela administração pública, de políticas públicas previstas em leis ou regulamentos;

c) realização de estudos por órgão de pesquisa, garantida, sempre que possível, a anonimização dos dados pessoais sensíveis;

d) exercício regular de direitos, inclusive em contrato e em processo judicial, administrativo e arbitral, este último nos termos da Lei n. 9.307, de 23 de setembro de 1996 (Lei de Arbitragem);

e) proteção da vida ou da incolumidade física do titular ou de terceiro;

f) tutela da saúde, exclusivamente, em procedimento realizado por profissionais de saúde, serviços de saúde ou autoridade sanitária; ou

g) garantia da prevenção à fraude e à segurança do titular, nos processos de identificação e autenticação de cadastro em sistemas eletrônicos, resguardados os direitos mencionados no art. 9º desta Lei e exceto no caso de prevalecerem direitos e liberdades fundamentais do titular que exijam a proteção dos dados pessoais.

§ 1º Aplica-se o disposto neste artigo a qualquer tratamento de dados pessoais que revele dados pessoais sensíveis e que possa causar dano ao titular, ressalvado o disposto em legislação específica.

§ 2º Nos casos de aplicação do disposto nas alíneas a e b do inciso II do *caput* deste artigo pelos órgãos e pelas entidades públicas, será dada publicidade à referida dispensa de consentimento, nos termos do inciso I do *caput* do art. 23 desta Lei.

§ 3º A comunicação ou o uso compartilhado de dados pessoais sensíveis entre controladores com objetivo de obter vantagem econômica poderá ser objeto de vedação ou de regulamentação por parte da autoridade nacional, ouvidos os órgãos setoriais do Poder Público, no âmbito de suas competências.

§ 4º É vedada a comunicação ou o uso compartilhado entre controladores de dados pessoais sensíveis referentes à saúde com objetivo de obter vantagem econômica, exceto, nas hipóteses relativas a prestação de serviços de saúde, de assistência farmacêutica e de assistência à saúde, desde que observado o § 5º deste artigo, incluídos os serviços auxiliares de diagnose e terapia, em benefício dos interesses dos titulares de dados, e para permitir:

I – a portabilidade de dados quando solicitada pelo titular; ou

II – as transações financeiras e administrativas resultantes do uso e da prestação dos serviços de que trata este parágrafo.

§ 5º É vedado às operadoras de planos privados de assistência à saúde o tratamento de dados de saúde para a prática de seleção de riscos na contratação de qualquer modalidade, assim como na contratação e exclusão de beneficiários.

Comentários

Os dados pessoais sensíveis, como já definidos anteriormente, demandam uma tutela maior, o que significa que, para seu tratamento, exigir-se-á um maior rigor. O artigo em comento especifica em rol taxativo quais as hipóteses possíveis para seu tratamento, que serão, ou quando o titular consentir especificamente e de forma destacada (I), ou para as hipóteses específicas do inciso II, em que a sua utilização, mesmo sem o consentimento, se justifica pelo bem do próprio titular ou da coletividade, desde que a utilização dos dados pessoais sensíveis seja indispensável para isso.

Uma das hipóteses previstas no inciso II é o tratamento pelo Poder Público para execução de políticas públicas. O estado de São Paulo, por exemplo, promulgou a Lei n. 16.758, em 8 de junho de 2018, tornando obrigatória a informação sobre cor ou identificação racial em todos os cadastros, bancos de dados e registros de informações assemelhados, públicos e privados, no Estado. Esses dados pessoais sensíveis serão coletados, segundo a idealizadora do projeto de lei (deputada Leci Brandão) para um mapeamento do estado, bem como para melhorar as políticas públicas em regiões onde há uma maior concentração de pessoas negras[50]. O risco que se corre nesse caso é que um possível vazamento poderia gerar riscos incalculáveis para os titulares de dados ante a possibilidade de sofrerem discriminação por sua condição racial.

Fala-se em dados pessoais sensíveis aqueles que poderiam de alguma forma gerar discriminação, como, por exemplo: origem racial, opiniões políticas, opção religiosa, dados de saúde, opção sexual, biometria, dentre outros. Dados como a íris, a voz ou a digital de uma pessoa também são considerados dados sensíveis, na medida em que, se vazados, poderão causar danos ao titular pelo resto da vida, ante a impossibilidade de se dissociar esses dados do seu titular.

---

50   Informação coletada no portal de notícias do governo do estado de São Paulo: https://www.al.sp.gov.br/noticia/?id=393405. Acesso em: 19 maio 2019.

No caso de profissionais da saúde, por exemplo, que tratam dados pessoais sensíveis, muitas adequações deverão ser feitas. Na Irlanda, país sob a égide do GDPR, em seu *site* sobre proteção de dados há um *link* exclusivo que tira dúvidas de profissionais que atuam no setor médico e de saúde, para que eles atuem em conformidade com o regulamento europeu e não sofram as sanções por seu descumprimento[51].

É de se rememorar que na ética médica o sigilo de dados pessoais de pacientes sempre foi uma questão relevante, como prevê, por exemplo, o Código de Ética Médica em seu art. 85, que veda ao médico permitir o manuseio e o conhecimento dos prontuários por pessoas não obrigadas ao sigilo profissional quando sob sua responsabilidade[52].

Em tese, pode-se afirmar que a inovação da lei de proteção de dados pessoais, assim como do GDPR, será o rigor com que se punirá o responsável em eventual desvio no tratamento dos dados pessoais sensíveis coletados. Foi o caso de um hospital de Portugal, que em outubro de 2018 foi multado em 400 mil euros por permitir acessos indevidos a prontuários clínicos. No caso português, a deliberação da Comissão Nacional de Proteção de Dados (CNPD) identificou três infrações: violação do princípio da integridade e confidencialidade, violação do princípio da minimização de dados que deveria impedir o acesso indiscriminado a informações clínicos dos doentes, e incapacidade do responsável

---

51   Disponível em: https://www.dataprotection.ie/docs/The-Medical-and-Health-Sector/245.htm. Acesso em: 20 maio 2019.

52   Resolução CFM (Conselho Federal de Medicina) n. 1.931, de 17 de setembro de 2009. Disponível em: https://portal.cfm.org.br/images/stories/biblioteca/codigo%20de%20etica%20medica.pdf. Acesso em: 19 maio 2019.

pelo tratamento dos dados para assegurar a confidencialidade e a integridade dos dados[53].

Inclusive no que tange à privacidade e à preservação da intimidade de pacientes segue decisão do Tribunal de Justiça de Minas Gerais de 2008, em que há destaque para a questão da titularidade dos dados do paciente e a condição de mero depositário e guardador dos dados, que cabe ao médico:

> Ementa: APELAÇÃO CÍVEL. AUSÊNCIA FUNDAMENTAÇÃO SENTENÇA. INOCORRÊNCIA. CERCEAMENTO DE DEFESA. PRODUÇÃO DE PROVA ORAL. PRECLUSÃO. VIOLAÇÃO DO SEGREDO MÉDICO. DIVULGAÇÃO DO PRONTUÁRIO DE PACIENTE SEM AUTORIZAÇÃO OU JUSTA CAUSA. DEVER DE INDENIZAR. PESSOA JURÍDICA. DANO MORAL. 1. O que gera a nulidade da decisão não é a escassez de fundamentação, mas a sua absoluta ausência. 2. Ocorrendo o indeferimento expresso de oitiva de testemunha, em audiência de instrução e julgamento, não tendo a parte se insurgido, naquela oportunidade pela via adequada – agravo retido –, preclusa se encontra a alegação de cerceamento de defesa. 3. O segredo médico pertence ao paciente, e o médico, seu depositário e guardador, somente poderá revelá-lo em situações muito especiais, a saber: dever legal, justa causa ou com autorização expressa do paciente. 4. A obrigação compulsória do médico de manter sigilo quanto às informações confidenciais de que tiver conhecimento no desempenho de suas funções escora-se na preservação da intimidade do paciente e sua infração constitui ato ilícito, passível de punição. 5. A divulgação de prontuário médico, do qual se extrai relatos da vida íntima do paciente, sem autorização ou justa causa configura-se ato ilícito e acarreta o dever de indenizar. 6. Apesar de não ser titular de honra subjetiva, a pessoa jurídica é detentora de hon-

---

53 Disponível em: http://exameinformatica.sapo.pt/noticias/mercados/2018-10--19-CNPD-Hospital-do-Barreiro-multado-em-400-mil-euros-por-permitir-acessos--indevidos-a-processos-clinicos. Acesso em: 19 maio 2019.

ra objetiva, que resta abalada sempre que o seu nome, imagem ou crédito forem atingidos no meio comercial por algum ato ilícito (TJ-MG 100240602581670011, Publicação: 4-12-2008).

Vale pontuar que o consentimento do titular para tratamento de seus dados pessoais sensíveis, além de ser livre, inequívoco e informado, também deverá ser *específico* e de *forma destacada*, diferindo-se do consentimento de dados pessoais que não são sensíveis.

Os dados de saúde, que se classificam como dados pessoais sensíveis, chamam a atenção pelos potenciais danos que podem acarretar ao indivíduo se utilizados de forma diversa à sua finalidade. Na Inglaterra, após a compra pela Google de uma empresa (DeepMind) que criou o aplicativo chamado NHS em 2014, que roda nos celulares de médicos do sistema público de saúde, e que permite acesso imediato a todas as informações de um paciente, acarretou certa apreensão por parte dos britânicos preocupados com a privacidade e com a utilização de seus dados pessoais sensíveis[54].

O aplicativo em questão detém informações desde o tipo sanguíneo aos resultados mais recentes de exames. Quando algum índice escapa do normal, um alerta toca imediatamente no *smartphone* do médico certo. Assim, tanto nas rondas habituais como nos momentos de urgência, acesso aos dados é sempre simples e fácil. Todos os dados sobre os britânicos que usam o sistema público de saúde estão em Streams. Ou seja: estão nas mãos do Google[55].

Com a eficácia plena do GDPR, os órgãos de saúde britânicos já gastaram mais de 1 milhão de libras investindo em ferramentas

---

54 Disponível em: https://www.theverge.com/2018/11/14/18094874/google-deepmind--health-app-privacy-concerns-uk-nhs-medical-data. Acesso em: 21 maio 2019.

55 Disponível em: https://www.dasa.com.br/tecnologia-saude-e-compartilhamento-de--dados? utm_source=meio&utm_medium=email. Acesso em: 21 maio 2019.

de *software* e treinamento de pessoal, e mesmo assim apenas metade deles tinha um plano de implementação para a legislação europeia[56].

Se em países europeus, cuja cultura de proteção de dados permeia seu povo, a dificuldade ainda é premente, no Brasil exige-se um preparo muito maior, além da mudança indispensável de paradigma, para que a lei alcance plenamente seus objetivos.

A Lei n. 13.853/2019 acrescentou ao artigo em comento o § 4º, o qual dispõe sobre a possibilidade do compartilhamento entre controladores de dados pessoais sensíveis referentes à saúde com o objetivo de obter vantagem econômica para o benefício do próprio titular ou para possibilitar a portabilidade dos seus dados pessoais e para as transações administrativas e financeiras relacionadas ao uso ou ao tratamento dos dados.

O § 5º também foi acrescentado de forma que o tratamento de dados pessoais sensíveis relacionados à saúde, mesmo que em hipóteses restritas, deve ser de forma a não prejudicar o titular. Nesse sentido, o legislador se acautelou quanto à utilização desses dados pelas operadoras de saúde para seleção de riscos, o que se sabe ser potencialmente a utilização que seria dedicada a eles.

Vale ressaltar que para os dados pessoais sensíveis as hipóteses legais de tratamento do interesse legítimo, da proteção ao crédito e da execução de contrato não se aplicam. Com relação à execução de um contrato, apenas a hipótese de exercício regular de um direito, inclusive em contrato, poderá justificar o tratamento de dados pessoais sensíveis. Como exemplo, poderíamos citar uma operado-

---

56 Disponível em: https://www.itpro.co.uk/general-data-protection-regulation-gdpr/30917/nhs-trusts-spend-1-million-to-prepare-for-gdpr. Acesso em: 21 maio 2019.

ra de plano de saúde que rescinde um contrato com o cliente que emprestou sua carteirinha do plano para outra pessoa e que para isso tenha que acessar, compartilhar, coletar etc., algum dado pessoal sensível desse cliente.

Art. 12. Os dados anonimizados não serão considerados dados pessoais para os fins desta Lei, salvo quando o processo de anonimização ao qual foram submetidos for revertido, utilizando exclusivamente meios próprios, ou quando, com esforços razoáveis, puder ser revertido.

§ 1º A determinação do que seja razoável deve levar em consideração fatores objetivos, tais como custo e tempo necessários para reverter o processo de anonimização, de acordo com as tecnologias disponíveis, e a utilização exclusiva de meios próprios.

§ 2º Poderão ser igualmente considerados como dados pessoais, para os fins desta Lei, aqueles utilizados para formação do perfil comportamental de determinada pessoa natural, se identificada.

§ 3º A autoridade nacional poderá dispor sobre padrões e técnicas utilizados em processos de anonimização e realizar verificações acerca de sua segurança, ouvido o Conselho Nacional de Proteção de Dados Pessoais.

Comentários

Para que um dado seja considerado anonimizado mister que a sua reversão não possa ser feita. A lei fala na razoabilidade para a reversão considerando fatores objetivos como custo e tempo, o que demandará uma análise do caso concreto para se determinar se o dado pode ser considerado anonimizado ou não.

A anonimização deve levar em conta as técnicas razoáveis e disponíveis adotadas no momento do tratamento, ou seja, por mais que surjam técnicas melhores posteriormente, será considerada aquela à época do tratamento, já que a tecnologia avança exponencialmente com o tempo, não sendo possível prever o que será razoável futuramente.

Os dados tutelados são aqueles inerentes à pessoa, mas também aqueles que podem levar à identificação da pessoa, como aqueles utilizados na formação do perfil comportamental dela. Muitos dados que a princípio não são considerados pessoais a depender do caso concreto podem levar à identificação da pessoa. A localização geográfica ao ser combinada com mais dois tipos de dados não pessoais, por exemplo, pode levar a identificar um indivíduo, o que nesse caso será tutelado pela lei.

Dessa forma, a tarefa de anonimizar dados pessoais envolve não somente a ocultação de nomes em registro de base de dados, como também possíveis e eventuais ligações que possam ser feitas com outras bases de dados e que ao final identifiquem uma só pessoa[57].

Para o professor Evandro Eduardo Seron Ruiz[58]:

De fato, a anonimização de dados pessoais e a reidentificação são domínios científicos de constante investigação e, a cada dia, são publicadas novas descobertas sobre estes temas. Há de se reforçar também que nós regularmente acrescentamos às nossas vidas novas demandas sociais e novos aparatos tecnológicos que resgatam e também perpetuam nossas marcas pessoais. Neste universo de crescente volume de informações pessoais, até mesmo os dados anonimizados, como estatísticas, podem

---

57 RUIZ, Evandro Eduardo Seron. Anonimização, pseudonimização e desanonimização de dados pessoais. In: LIMA, Cíntia Rosa Pereira de. *Comentários à Lei Geral de Proteção de dados*: Lei n. 13.709/18 com alteração da Lei n. 13.853/2019. São Paulo: Almedina, 2020. p. 105.

58 RUIZ, Evandro Eduardo Seron. Anonimização, pseudonimização e desanonimização de dados pessoais. In: LIMA, Cíntia Rosa Pereira de. *Comentários à Lei Geral de Proteção de dados*: Lei n. 13.709/18 com alteração da Lei n. 13.853/2019. São Paulo: Almedina, 2020. p. 120.

ser utilizados para enriquecer os perfis pessoais. Portanto, a anonimização de dados pessoais não precisa ser considerada como mais uma obrigação necessária de normalização social mas talvez possa ser vista como uma maneira de preservação da identidade de uma série de riscos inerentes a esta exposição crescente de dados pessoais.

A autoridade nacional exercerá a função de reguladora do que se considera razoável para anonimização de um dado, até porque as tecnologias tanto de anonimização quanto de reversão se transformam rapidamente e não há como uma lei prever qual seria uma técnica razoável para tornar um dado anônimo ou para desanonimizá-lo. A própria criptografia, a depender de seu tipo, da sua complexidade e da proteção dada à sua chave secreta, pode ser facilmente revertida ou ser capaz de tornar um dado anonimizado.

Art. 13. Na realização de estudos em saúde pública, os órgãos de pesquisa poderão ter acesso a bases de dados pessoais, que serão tratados exclusivamente dentro do órgão e estritamente para a finalidade de realização de estudos e pesquisas e mantidos em ambiente controlado e seguro, conforme práticas de segurança previstas em regulamento específico e que incluam, sempre que possível, a anonimização ou pseudonimização dos dados, bem como considerem os devidos padrões éticos relacionados a estudos e pesquisas.

§ 1º A divulgação dos resultados ou de qualquer excerto do estudo ou da pesquisa de que trata o *caput* deste artigo em nenhuma hipótese poderá revelar dados pessoais.

§ 2º O órgão de pesquisa será o responsável pela segurança da informação prevista no *caput* deste artigo, não permitida, em circunstância alguma, a transferência dos dados a terceiro.

§ 3º O acesso aos dados de que trata este artigo será objeto de regulamentação por parte da autoridade nacional e das autoridades da área de saúde e sanitárias, no âmbito de suas competências.

§ 4º Para os efeitos deste artigo, a pseudonimização é o tratamento por meio do qual um dado perde a possibilidade de associação, direta ou indireta, a um indivíduo, senão pelo uso de informação adicional mantida separadamente pelo controlador em ambiente controlado e seguro.

Comentários

Os bancos de dados pessoais são extremamente relevantes para estudos de saúde pública considerando-se que esses estudos se baseiam em dados pessoais da população para traçar estratégias de combate e prevenção a certos tipos de doença, como, por exemplo, as campanhas de vacinação e também para implementação de políticas públicas direcionadas.

O artigo em comento visa estabelecer sobre quais critérios o tratamento de dados pessoais, inclusive os sensíveis, deve ser feito quando a base legal for a realização de estudos por órgãos de pesquisa.

Sempre que possível, deverá a autoridade anonimizar ou pseudonimizar os dados pessoais visando a proteção do titular dos dados. Esse artigo também faz menção à autoridade nacional para regulamentar de que forma será feito tal acesso e traz à tona a questão das práticas de segurança e a responsabilidade pelo órgão de pesquisa pela segurança da informação.

A relevância de se anonimizar ou pseudonimizar dados pessoais principalmente em se tratando de dados de saúde é flagrante. Em 2016, uma falha na segurança expôs dados de milhares de pacientes do SUS em São Paulo[59], quando além de históricos de pacientes foram revelados também outros dados pessoais como CPF, ende-

---

59 Disponível em: https://canaltech.com.br/seguranca/falha-de-seguranca-expoe-dados--de-milhares-de-pacientes-do-sus-em-sao-paulo-72271/. Acesso em: 27 maio 2019.

reço, nome completo, o que ocasionou na exposição de aproximadamente 650 mil pacientes do SUS. Estes poderiam sofrer tanto com a utilização de seus dados pessoais por criminosos quanto por empresas que poderiam se aproveitar das informações para selecionar seus clientes com base em seu histórico médico.

O princípio da segurança deverá sempre nortear o tratamento de dados, o que faz com que o agente de tratamento, seja ele público ou privado, independentemente da finalidade do tratamento, adote padrões de segurança visando proteger os dados pessoais da utilização indevida, desviando-se de sua finalidade.

Seção III
Do tratamento de dados pessoais de crianças e de adolescentes

Art. 14. O tratamento de dados pessoais de crianças e de adolescentes deverá ser realizado em seu melhor interesse, nos termos deste artigo e da legislação pertinente.

§ 1º O tratamento de dados pessoais de crianças deverá ser realizado com o consentimento específico e em destaque dado por pelo menos um dos pais ou pelo responsável legal.

§ 2º No tratamento de dados de que trata o § 1º deste artigo, os controladores deverão manter pública a informação sobre os tipos de dados coletados, a forma de sua utilização e os procedimentos para o exercício dos direitos a que se refere o art. 18 desta Lei.

§ 3º Poderão ser coletados dados pessoais de crianças sem o consentimento a que se refere o § 1º deste artigo quando a coleta for necessária para contatar os pais ou o responsável legal, utilizados uma única vez e sem armazenamento, ou para sua proteção, e em nenhum caso poderão ser repassados a terceiro sem o consentimento de que trata o § 1º deste artigo.

§ 4º Os controladores não deverão condicionar a participação dos titulares de que trata o § 1º deste artigo em jogos, aplicações de internet ou outras atividades ao fornecimento de informações pessoais além das estritamente necessárias à atividade.

§ 5º O controlador deve realizar todos os esforços razoáveis para verificar que o consentimento a que se refere o § 1º deste artigo foi dado pelo responsável pela criança, consideradas as tecnologias disponíveis.

§ 6º As informações sobre o tratamento de dados referidas neste artigo deverão ser fornecidas de maneira simples, clara e acessível, consideradas as características físico-motoras, perceptivas, sensoriais, intelectuais e mentais do usuário, com uso de recursos audiovisuais quando adequado, de forma a proporcionar a informação necessária aos pais ou ao responsável legal e adequada ao entendimento da criança.

Comentários

No Brasil a proteção da criança e do adolescente está prevista em várias normas do ordenamento jurídico, começando pela previsão na Constituição Federal, especialmente no art. 227. Mas o principal diploma normativo é o Estatuto da Criança e do Adolescente (Lei n. 8.069/90), que traz um detalhamento de como deve ser a tutela da criança e do adolescente, o que inclui o tratamento de dados deles, que dependerá do consentimento específico dos pais ou responsáveis.

Com a utilização massiva da internet por crianças e adolescentes, tem-se uma grande preocupação com qual conteúdo eles têm acesso. Hoje em dia, em algumas páginas, basta a pessoa colocar que é maior de 18 anos e poderá ter acesso, como é o caso das páginas de empresas de bebidas alcoólicas. Ainda, há aquelas que permitem o acesso de determinada idade, mas que não correlacionam o conteúdo apresentado com a idade permitida, o que pode gerar acesso de crianças e adolescentes a conteúdos inapropriados.

A lei referiu-se a consentimento específico e em destaque por um dos pais ou responsável, o que significa que as empresas deverão buscar por tecnologias capazes de apurar com a máxima precisão se a pessoa que está consentindo com a coleta de dados realmente é um pai ou responsável pelo menor. No mais, deverá saber com clareza qual dado pessoal daquela criança ou adolescente está sendo coletado.

Nota-se da análise dos parágrafos acima que o legislador utilizou a palavra "crianças" e que no *caput* utiliza as palavras "crianças e adolescentes", trazendo à tona o questionamento quanto à obrigatoriedade do consentimento por um dos pais ou responsável legal somente para o tratamento de dados de crianças ou também para o tratamento de dados pessoais de adolescentes.

Fato é que ainda não há decisões judiciais, regulamentos, orientações ou qualquer outra sedimentação sobre o tema no Brasil, o que abre muito espaço para debate. De outra sorte, o que parece estar sedimentado no momento é que a lei deve ser aplicada visando o melhor interesse da criança e do adolescente, como prevê a Constituição Federal[60].

Interessante observar que o § 6º inclui a criança e o adolescente como atores no controle de seus dados, pois prevê a utilização de recursos audiovisuais quando adequado, de forma a proporcionar a informação adequada ao entendimento da criança. Uma inovação legislativa que poderá facilitar o entendimento também do menor de que seus dados pessoais estão sendo coletados e quais são eles. Isso não retira a obrigatoriedade do consentimento de um

---

60   CAGNONI, Ana Carolina. Tratamento de dados pessoais de crianças e adolescentes: a LGPD e os demais diplomas legais existentes no Brasil. In: PALHARES, Felipe. *Temas atuais de proteção de dados*. São Paulo: Thomson Reuters Brasil, 2020.

dos pais ou responsável legal, na verdade reforça a aplicação do Princípio da Transparência. Logicamente que esse entendimento demandará políticas públicas na área de educação para que as crianças e adolescentes sejam ensinados desde cedo sobre o fato de os seus dados pessoais terem valor, bem como que a sua tutela efetiva dependerá também de suas atitudes na rede ou fora dela. Da mesma forma como se ensina hoje em dia educação no trânsito, educação ambiental e outros temas relevantes para a vida de qualquer cidadão, a proteção de dados deverá ser inserida no contexto educacional de crianças e adolescentes.

A Suíça, que já experimenta há algum tempo a vigência do GDPR e de uma cultura sólida quanto à proteção de dados, criou um programa que ensina privacidade *online* para crianças, que inclui um conjunto de materiais didáticos sobre segurança e privacidade de dados para alunos a partir de 4 anos em um curso de 10 a 20 horas voltado para o público infantil[61].

Há a exceção do consentimento quando os dados forem utilizados pelo Poder Público, como é o caso de campanhas de vacinação ou para contatarem os pais e/ou responsáveis do menor, desde que utilizados uma única só vez e descartados após o uso.

Outra determinação legal essencial é a proibição de se condicionar a participação da criança e do adolescente em jogos e atividades ao fornecimento de dados, o que só poderá ser feito com dados estritamente necessários à realização da atividade.

---

61 Informação retirada da notícia disponível em: https://www.swissinfo.ch/por/ sociedade/educa%C3%A7%C3%A3o-pr%C3%A9-escolar_como-um-programa-su%C3%AD%C3%A7o-ensina-privacidade-online-para-crian%C3%A7as/45493918#. XkloXUqsFXI.whatsapp. Acesso em: 17 fev. 2020.

A proteção de dados da criança e do adolescente prevista no GDPR, assim como aparece na lei ora em comento, reforça a necessidade de se buscar a certeza do consentimento dado pelos pais utilizando-se dos mais diversos avanços tecnológicos para que o efetivo titular das responsabilidades parentais da criança seja quem dê essa autorização. A simples previsão em termos de uso e privacidade da classificação etária para a utilização do produto ou serviço não se mostra suficiente para atingir o objetivo almejado com a norma. A obtenção do consentimento pelo controlador deverá observar, portanto, padrões técnicos para assegurar que o consentimento foi efetivamente dado pelo responsável legal, sob pena de se considerar ilícito o tratamento de dados, já que não autorizado conforme prevê a lei[62].

O impacto da LGPD nas instituições de ensino será substancial consoante:

Nesse cenário, as Instituições de Ensino deverão se atentar de forma redobrada acerca do exposto na LGPD e garantir maior zelo, transparência e tratamento especial a dados pessoais de crianças, por armazenarem dados extremamente relevantes de seus alunos, tais como: ficha médica, desempenho acadêmico, relatórios de atividades, opiniões e manifestações pessoais dos seus funcionários sobre os alunos. Infere-se, portanto, dando atenção especial ao uso dos dados pessoais de crianças e adolescentes, a Lei Geral de Proteção de Dados visa assegurar direitos constitucionais, como os previstos no art. 16 da Convenção dos Direitos da Criança da ONU, o qual possui força de emenda constitucional e do art. 227 que dispõe ser dever da família, da sociedade e do Estado asse-

---

62 BORELLI, Alessandra. O tratamento de dados de crianças no âmbito do General Data Protection Regulation (GDPR). In: MALDONADO, Viviane Nóbrega; BLUM, Renato Ópice. *Comentários ao GDPR*. São Paulo: Thomson Reuters Brasil, 2018. p. 146.

gurar à criança, ao adolescente e ao jovem, com absoluta prioridade, o direito à proteção de dados pessoais, como um direito fundamental inerente à sociedade da informação e do mundo conectado[63].

O que fica mais uma vez evidente é a necessidade de se aliar tecnologia para se buscar o cumprimento mais fiel da lei, considerando a necessidade da real identificação de quem está utilizando os bens e serviços oferecidos pela internet. Quando se fala em criança e adolescente, cuja vulnerabilidade é presumida, deverá o agente de tratamento direcionar seus esforços para que o consentimento seja realmente colhido de seus responsáveis.

Seção IV
Do término do tratamento de dados

Art. 15. O término do tratamento de dados pessoais ocorrerá nas seguintes hipóteses:

I – verificação de que a finalidade foi alcançada ou de que os dados deixaram de ser necessários ou pertinentes ao alcance da finalidade específica almejada;

II – fim do período de tratamento;

III – comunicação do titular, inclusive no exercício de seu direito de revogação do consentimento conforme disposto no § 5º do art. 8º desta Lei, resguardado o interesse público; ou

IV – determinação da autoridade nacional, quando houver violação ao disposto nesta Lei.

---

63 BORELLI, Alessandra; OLIVEIRA, Caio; MENDONÇA, Helena C. F. Coelho. *Impactos da nova Lei de Proteção de Dados Pessoais nas instituições de ensino.* Disponível em: http://www.sieeesp.org.br/uploads/sieeesp/imagens/revista/revista_249.pdf. Acesso em: 28 maio 2019.

Comentários

O princípio da finalidade se coaduna com o término do tratamento de dados, já que, devidamente alcançada a finalidade para o qual o dado foi coletado, deverá terminar o seu tratamento.

Além do alcance da finalidade, a lei estabelece que o titular dos dados coletados poderá – a qualquer tempo – revogar o consentimento dado, resguardando o interesse público. Ao transplantar-se a regra prevista em lei ao cotidiano dos cidadãos brasileiros, é possível verificar que não só a mentalidade da população em geral deverá mudar, como também as práticas comerciais e empresariais que deverão estar preparadas para a qualquer tempo, mediante a revogação do consentimento do titular, paralisar o tratamento de seus dados pessoais, o que ainda é extremamente incomum.

É preciso que a revogação do consentimento, conforme dito anteriormente, seja facilitada de modo a obrigar que o agente de tratamento crie condições para que o titular faça da maneira mais simplificada e clara possível, devendo a partir daí excluir os dados de seu banco de dados.

A autoridade nacional, também, ao verificar que algum disposto na lei foi violado, poderá determinar o fim do tratamento dos dados pessoais fornecidos como forma de punir o agente de tratamento que não respeitou algum dispositivo legal. Isso poderá prejudicar – sobremaneira – algumas empresas, já que muitas têm como atividade principal tratar dados.

Menciona-se, por oportuno, o desafio que empresas terão que superar para que dados pessoais sejam excluídos, pois precisarão se cercar de tecnologia capaz de efetuar a completa eliminação de um dado pessoal, sem prejudicar o seu banco de dados remanescente.

Art. 16. Os dados pessoais serão eliminados após o término de seu tratamento, no âmbito e nos limites técnicos das atividades, autorizada a conservação para as seguintes finalidades:

I – cumprimento de obrigação legal ou regulatória pelo controlador;

II – estudo por órgão de pesquisa, garantida, sempre que possível, a anonimização dos dados pessoais;

III – transferência a terceiro, desde que respeitados os requisitos de tratamento de dados dispostos nesta Lei; ou

IV – uso exclusivo do controlador, vedado seu acesso por terceiro, e desde que anonimizados os dados.

Comentários

Com o término do tratamento de dados eles deverão ser excluídos da base de dados do controlador, excetuando-se a sua conservação para as finalidades apostas nesse artigo. A lei autoriza que, diante das finalidades apontadas em seus incisos, poderão os dados ser conservados, o que significa que somente os dados pessoais necessários para atingir aquele fim serão mantidos, os demais deverão ser excluídos.

Pontua-se que para o controlador manter apenas os dados pessoais necessários a uma finalidade, de forma a eliminar os demais, deverá possuir tecnologia capaz de assegurar que essa discriminação seja feita sem prejudicar a qualidade dos dados mantidos.

Veja-se o caso do empregador que tem uma pessoa desligada de seu quadro de empregados, atingindo-se assim a finalidade que autorizou o tratamento de seus dados pessoais. Nessa hipótese o empregador poderá manter os dados pessoais de seu ex-empregado para o cumprimento de obrigações legais e regulatórias e ainda para se defender de possíveis demandas (o que seria justificado pelo exercício regular de direitos previsto no arts. 7º e 11 da lei). É recomendável, decorrido o prazo previsto em regulamento e lei e o prazo prescricional de possíveis demandas, que os dados pessoais sejam eliminados por completo de seu banco de dados.

Os órgãos de pesquisa também estão autorizados a conservar os dados pessoais mesmo após o término do tratamento, apenas para estudo, não podendo utilizar para qualquer outra finalidade.

Um exemplo de conservação para transferência a terceiro prevista no inciso III é a solicitação pelo titular da portabilidade de seus dados pessoais para outra empresa com vistas a facilitar o seu novo relacionamento.

A anonimização é condição indispensável para que o controlador mantenha os dados pessoais para sua exclusiva utilização, pois mesmo não havendo o acesso de terceiros, o que é expressamente vedado, não impede que eventuais acessos indevidos possam ocorrer.

Insta destacar que há debates acerca da real e completa eliminação dos dados pessoais de um banco, na medida em que o controlador deve manter evidências dessa exclusão (Princípio da Responsabilização e Prestação de Contas) e assim continuaria com o *log* (registro de eventos) de exclusão. Nesse caso, pontua-se que a hipótese legal para a guarda desses registros de exclusão estaria prevista no inciso I desse artigo.

A respeito da eliminação de dados pessoais pontua-se:

Tais descartes devem ser feitos no âmbito e nos limites técnicos das atividades dos controladores, com a desejável manutenção de registros específicos que evidenciem a execução de tais operações, porém sem que se gerem novos dados que possam identificar algum titular, garantindo, assim, a partir do momento do descarte, a total desvinculação da responsabilidade dos agentes de tratamento de dados sobre os tratamentos dos referidos dados pessoais descartados[64].

Capítulo III
DOS DIREITOS DO TITULAR

Art. 17. Toda pessoa natural tem assegurada a titularidade de seus dados pessoais e garantidos os direitos fundamentais de liberdade, de intimidade e de privacidade, nos termos desta Lei.

Comentários

Inicialmente, vale esclarecer que a Lei Geral de Proteção de Dados Pessoais, embora tenha essa nomenclatura, visa proteger o titular dos dados e não os dados pessoais *per se*. Os dados pessoais trazem em si informações significativas sobre um indivíduo, que ao serem utilizados fora de um contexto legal podem acarretar a transgressão da liberdade, intimidade e privacidade do seu titular.

A lei fala em titularidade dos dados pessoais e não propriedade, uma vez que os dados pessoais não constituem algo de que se possa dispor, pelo contrário, os dados pessoais passaram a ser considerados uma nova variante da categoria dos direitos de personalidade. Nas palavras de Bruno Bioni[65]:

> Os direitos da personalidade são uma "noção inacabada" que deve ser "cultivada", especialmente frente ao abordado manancial de dados pro-

---

64 JUNIOR, Josmar Lenine Giovannini. Fase 4: governança de dados pessoais. In: MALDONADO. Viviane Nóbrega. *LGPD: Lei Geral de Proteção de Dados Pessoais*: manual de implementação. São Paulo: Thomson Reuters Brasil, 2019. p. 187.

65 BIONI, Bruno Ricardo. *Proteção de dados pessoais*: a função e os limites do consentimento. Rio de Janeiro: Forense. 2021. p. 52.

duzidos pelas pessoas na sociedade da informação. Por meio dessa premissa, será possível identificar uma nova variante desta categoria jurídica para nela enquadrar a proteção de dados pessoais.

Os direitos de personalidade têm como função promover e assegurar o valor-fonte do ordenamento jurídico, com uma orientação voltada pela concepção de um direito privado despatrimonializado ou repersonalizado[66].

A utilização de dados pessoais se torna indispensável na era informacional que vivemos, mas a lei traz limites que asseguram ao indivíduo a preservação desse direito fundamental.

A própria individualidade do titular deverá ser repensada de forma que não mais se contraponha ao bem comum, mas que a ele seja incorporada. Separados, o bem comum e a individualidade podem enfraquecer a privacidade, já que os interesses sociais tendem a prevalecer sobre os individuais em um possível conflito de princípios. Quando se fala em proteção de dados pessoais esse sopesamento deverá levar em consideração essa nova dinâmica de relacionamento entre o individual e o coletivo[67].

O que se observa é que o legislador quer deixar claro que a titularidade dos dados é da pessoa natural. Isso, pois, mesmo que os dados pessoais de qualquer indivíduo possam estar espalhados em milhares de bancos de dados pelo mundo, qualquer tratamento deverá obedecer às normas legais, sendo que o seu titular possui direito sobre seus dados.

---

66   BIONI, Bruno Ricardo. *Proteção de dados pessoais*: a função e os limites do consentimento. Rio de Janeiro: Forense. 2021. p. 55.

67   LEONARDI, Marcel. *Tutela e privacidade na internet*. São Paulo: Saraiva, 2011. p. 121-122.

Na União Europeia a mentalidade de seus cidadãos difere muito da dos cidadãos brasileiros, porquanto lá se encontra arraigada a cultura de preservação de dados pessoais; os europeus possuem a consciência de que seus dados pessoais deverão ser tratados nos limites da lei, em parte porque há muitos anos a legislação europeia já se ocupa com o tema.

O cidadão brasileiro comum ainda não se incomoda em fornecer o seu número do CPF a uma rede de farmácias em troca de descontos, ele não se atenta para o fato de que muitas farmácias possuem um histórico completo da compra de medicamentos e padrões de consumo que revelam muito sobre sua saúde, o que pode ser muito valioso para um plano de saúde, por exemplo.

É o que pretendeu descobrir o Ministério Público do Distrito Federal[68], que está investigando se redes de farmácias estão vendendo ou repassando dados sigilosos de seus clientes, pois exigem o CPF deles em troca de desconto. Pretende-se apurar se há um mercado paralelo, em que planos de saúde e empresas de crédito estejam atrás desses dados[69].

Assim, por mais evidente que possa parecer o transcrito nesse artigo, o seu conteúdo é de vital importância, pois revela ao indivíduo sobre a titularidade de seus dados pessoais, que integram sua

---

68 A Comissão de Proteção dos Dados Pessoais do Ministério Público do Distrito Federal e Territórios (MPDFT) é a primeira iniciativa nacional dedicada exclusivamente à proteção dos dados pessoais e da privacidade dos brasileiros. Foi instituída pela Portaria Normativa PGJ n. 539, de 12 de abril de 2018. Disponível em: http://www.mpdft.mp.br/portal/index.php/conhecampdft-menu/nucleos-e-grupos/comissao-de--protecao-dos-dados-pessoais/sobre. Acesso em: 1º jun. 2019.

69 Disponível em: https://g1.globo.com/df/distrito-federal/noticia/cpf-em-troca-de--desconto-mp-investiga-venda-de-dados-de-clientes-por-farmacias.ghtml. Acesso em: 1º jun. 2019.

personalidade, que deverão estar sob o "manto" da liberdade, privacidade e intimidade.

Art. 18. O titular dos dados pessoais tem direito a obter do controlador, em relação aos dados do titular por ele tratados, a qualquer momento e mediante requisição:

I – confirmação da existência de tratamento;

II – acesso aos dados;

III – correção de dados incompletos, inexatos ou desatualizados;

IV – anonimização, bloqueio ou eliminação de dados desnecessários, excessivos ou tratados em desconformidade com o disposto nesta Lei;

V – portabilidade dos dados a outro fornecedor de serviço ou produto, mediante requisição expressa, de acordo com a regulamentação da autoridade nacional, e observados os segredos comercial e industrial;

VI – eliminação dos dados pessoais tratados com o consentimento do titular, exceto nas hipóteses previstas no art. 16 desta Lei;

VII – informação das entidades públicas e privadas com as quais o controlador realizou uso compartilhado de dados;

VIII – informação sobre a possibilidade de não fornecer consentimento e sobre as consequências da negativa;

IX – revogação do consentimento, nos termos do § 5º do art. 8º desta Lei.

§ 1º O titular dos dados pessoais tem o direito de peticionar em relação aos seus dados contra o controlador perante a autoridade nacional.

§ 2º O titular pode opor-se a tratamento realizado com fundamento em uma das hipóteses de dispensa de consentimento, em caso de descumprimento ao disposto nesta Lei.

§ 3º Os direitos previstos neste artigo serão exercidos mediante requerimento expresso do titular ou de representante legalmente constituído, a agente de tratamento.

§ 4º Em caso de impossibilidade de adoção imediata da providência de que trata o § 3º deste artigo, o controlador enviará ao titular resposta em que poderá:

I – comunicar que não é agente de tratamento dos dados e indicar, sempre que possível, o agente; ou

II – indicar as razões de fato ou de direito que impedem a adoção imediata da providência.

§ 5º O requerimento referido no § 3º deste artigo será atendido sem custos para o titular, nos prazos e nos termos previstos em regulamento.

§ 6º O responsável deverá informar, de maneira imediata, aos agentes de tratamento com os quais tenha realizado uso compartilhado de dados a correção, a eliminação, a anonimização ou o bloqueio dos dados, para que repitam idêntico procedimento, exceto nos casos em que esta comunicação seja comprovadamente impossível ou implique esforço desproporcional.

§ 7º A portabilidade dos dados pessoais a que se refere o inciso V do *caput* deste artigo não inclui dados que já tenham sido anonimizados pelo controlador.

§ 8º O direito a que se refere o § 1º deste artigo também poderá ser exercido perante os organismos de defesa do consumidor.

Comentários

Se o artigo anterior (art. 17) "empodera" o titular, o presente dispositivo (art. 18) oferece as ferramentas para que o titular possa ter o pleno conhecimento de quem, porque, quais e como são tratados seus dados pessoais. A requisição pelo titular de dados poderá ser feita a qualquer momento, sem custo para o titular, mediante requisição de maneira expressa.

A ordem prática de todos esses direitos demandará tempo e muito investimento por parte dos controladores, já que engloba não somente o fornecimento dos dados que são tratados, como também quem tratou, a possibilidade de corrigi-los, eliminá-los, bloqueá-los e a sua portabilidade.

Quanto à portabilidade de dados pessoais, à semelhança do que ocorreu com a telefonia brasileira, poderá facilitar em muito a vida dos cidadãos brasileiros, que poderão portar informações suas coletadas ao longo de anos de relacionamento com uma empresa para outra qualquer, de sua escolha. As empresas, por outro lado, terão que correr contra o tempo para adequarem tecnologia a fim de possibilitar a portabilidade de seus sistemas para um sistema diverso, sem, contudo, revelar seus segredos comercial e/ou industrial. Ora, imagine, poder portar todos os seus gostos e preferências da Netflix ou Spotify para outra plataforma semelhante, através de uma simples requisição; isso tornaria até o processo de escolha do usuário mais livre.

Ainda, será de fundamental importância a atuação da Autoridade Nacional para regulamentar de que forma se dará a portabilidade dos dados pessoais entre as empresas, principalmente no que tange à operacionalidade das operações de forma a preservar os segredos industriais e comerciais, sem, contudo, impedir que o titular exerça seu direito, até porque não há no artigo restrições quanto ao pedido de portabilidade entre empresas de setores diferentes.

Além do mais, o titular poderá se dirigir não só à autoridade nacional, mas a qualquer órgão de proteção ao consumidor para peticionar em relação aos seus dados contra o controlador em uma relação de consumo.

O controlador deverá, em atendimento ao inciso VII, possuir lista atualizada de quem são as entidades públicas e privadas com os quais compartilha os dados pessoais do titular, por ser seu direito solicitá-la a qualquer tempo. Assim, ainda que nesse caso o tratamento de dados pessoais do titular não exija o seu consentimento, pode ele exigir a informação quanto ao seu compartilhamento.

A revogação do consentimento é um dos direitos conferidos ao titular, que na forma do art. 8º, § 5º, poderá ser a qualquer tempo, frise-se que de forma facilitada, não podendo o controlador criar entraves desnecessários ao titular para a revogação de seu consentimento. Pode-se trazer à lembrança quando a Anatel editou, há 5 anos, regras para simplificar o cancelamento de serviços de telefonia e banda larga, sem o usuário ter de ficar horas no *call center* (central de atendimento)[70]. O que parecia ser impossível passou a ser de conhecimento do usuário, que começou a exigir seus direitos. Quanto à proteção de dados, a tendência é a mesma, que exijamos a revogação de consentimento a qualquer tempo, bem como a portabilidade de nossos dados e outros direitos inerentes à proteção de nossos dados pessoais.

O atendimento às requisições dos titulares deverá ser documentada de forma que o controlador seja capaz de comprovar que respondeu às suas solicitações, mesmo que seja para informá-los que não trata seus dados.

Art. 19. A confirmação de existência ou o acesso a dados pessoais serão providenciados, mediante requisição do titular:

I – em formato simplificado, imediatamente; ou

II – por meio de declaração clara e completa, que indique a origem dos dados, a inexistência de registro, os critérios utilizados e a finalidade do tratamento, observados os segredos comercial e industrial, fornecida no prazo de até 15 (quinze) dias, contado da data do requerimento do titular.

§ 1º Os dados pessoais serão armazenados em formato que favoreça o exercício do direito de acesso.

---

70 Disponível em: http://www.brasil.gov.br/cidadania-e-justica/2014/02/regulamento--da-anatel-amplia-direitos-dos-consumidores. Acesso em: 2 jun. 2019.

§ 2º As informações e os dados poderão ser fornecidos, a critério do titular:

I – por meio eletrônico, seguro e idôneo para esse fim; ou

II – sob forma impressa.

§ 3º Quando o tratamento tiver origem no consentimento do titular ou em contrato, o titular poderá solicitar cópia eletrônica integral de seus dados pessoais, observados os segredos comercial e industrial, nos termos de regulamentação da autoridade nacional, em formato que permita a sua utilização subsequente, inclusive em outras operações de tratamento.

§ 4º A autoridade nacional poderá dispor de forma diferenciada acerca dos prazos previstos nos incisos I e II do *caput* deste artigo para os setores específicos.

Comentários

O controlador, sempre que solicitado pelo titular dos dados pessoais, deverá confirmar se realiza o tratamento deles imediatamente em formato simplificado e, na impossibilidade de fornecer imediatamente, terá o prazo de 15 dias para entregar ao titular, seja de forma impressa, seja em formato eletrônico, a declaração clara e completa dos dados pessoais que possui ou da inexistência de registro desses.

O que se espera dentro dos ditames legais é que o controlador sempre forneça uma resposta ao titular de dados, para que ele não fique sem qualquer informação, haja vista o direito ao acesso e à confirmação de existência de seus dados pessoais.

O artigo traz a diferenciação entre a confirmação da existência do tratamento de dados e o relatório completo da origem, critérios, finalidade, concedendo prazos diferentes para cada um, de acordo com sua complexidade.

Apesar de o legislador estabelecer prazos curtos para o cumprimento da obrigação do controlador, ele os flexibiliza dependendo do setor a que estiver atrelado, até porque, dependendo da atividade, da quantidade de dados com que trabalha o controlador ou mesmo da tecnologia utilizada, a empresa terá que sofrer alterações e receber investimentos consideráveis para estar em conformidade com a lei de proteção de dados.

O § 3º transparece de forma pragmática o pertencimento dos dados pessoais ao titular, vez que, caso solicite, poderá obter cópia integral de seus dados se coletados através do consentimento ou de contrato, facilitando, inclusive, sua utilização posterior, caso assim deseje.

Art. 20. O titular dos dados tem direito a solicitar a revisão de decisões tomadas unicamente com base em tratamento automatizado de dados pessoais que afetem seus interesses, incluídas as decisões destinadas a definir o seu perfil pessoal, profissional, de consumo e de crédito ou os aspectos de sua personalidade.

§ 1º O controlador deverá fornecer, sempre que solicitadas, informações claras e adequadas a respeito dos critérios e dos procedimentos utilizados para a decisão automatizada, observados os segredos comercial e industrial.

§ 2º Em caso de não oferecimento de informações de que trata o § 1º deste artigo baseado na observância de segredo comercial e industrial, a autoridade nacional poderá realizar auditoria para verificação de aspectos discriminatórios em tratamento automatizado de dados pessoais.

§ 3º (VETADO).

Comentários

A automatização de diversas atividades se tornou comum e muitas delas se baseiam na coleta e análise de dados pessoais, como podemos citar a análise de crédito pessoal e as plataformas de recrutamento e seleção de candidatos a uma vaga de emprego. A lei nesse artigo visou assegurar ao titular de dados que ele poderá pedir a revisão de decisão tomada única e exclusivamente de forma automatizada e que possam afetar seus interesses, seja para definir seu perfil pessoal, profissional, de consumo, de crédito e até mesmo perfis de sua personalidade.

Laura Schertel Mendes em sua obra sobre privacidade, proteção de dados e a defesa do consumidor traça um panorama geral sobre como as empresas têm utilizado os dados de seus clientes para otimizarem seus negócios:

> Sofisticadas tecnologias de análise de dados permitem às empresas implementarem uma complexa estratégia de relacionamento com os seus clientes, utilizando as informações armazenadas em bancos de dados. A partir desses instrumentos tecnológicos, a empresa pode lograr a classificação de seus clientes e a sua segmentação em grupos diversos, diferenciando entre os consumidores de maior valor para a companhia e os de menor valor. Com isso, a empresa objetiva obter previsibilidade de variações no mercado e na demanda, de modo a reduzir seus riscos, bem como conhecer os diferentes segmentos para direcionar lhes a sua publicidade. Diversas são as técnicas que possibilitam a extração de valiosas informações a partir dos dados coletados, como a *Datawarehousing*, *Data Mining, Online Analyticial Processing* (OLAP), Construção de Perfil *(Profiling)* e Sistema de avaliação *(Scoring)*. Essas técnicas podem trazer benefícios e riscos ao consumidor. De um lado, a personalização de produtos e serviços e a possibilidade de obter publicidade direcionada aos seus interesses; de outro, riscos à privacidade, à discriminação do consumidor e à sua exclusão do mercado de consumo[71].

---

71 MENDES, Laura Schertel. *Privacidade, proteção de dados e defesa do consumidor*: linhas gerais de um novo direito fundamental. São Paulo: Saraiva, 2014. p. 108.

Nem sempre o resultado colhido por um algoritmo refletirá a realidade do titular de dados, podendo sofrer prejuízos caso não lhe seja possibilitada a revisão da decisão. Em decisões automatizadas o titular poderá solicitar as informações necessárias que levaram à tomada da decisão. Não é porque foi um robô que tomou a decisão que o direito à transparência e ao livre acesso será tolhido do usuário, respeitados, evidentemente, os segredos comercial e industrial.

A previsão de revisão por pessoa natural foi excluída pela redação dada pela Lei n. 13.853/2019, de forma que a revisão poderá ser feita tanto por uma pessoa natural como novamente por uma máquina, o que traz certa nebulosidade no *modos operandi* dessa revisão, conforme se pondera:

> Deixar a tecnologia sem qualquer revisão e/ou não conceder ao usuário uma explicação substancial, clara e suficiente sobre determinada decisão configura violação de seus direitos e potencializa a possibilidade de que resultados discriminatórios contrários ao ordenamento jurídico estejam sendo produzidos e mantidos[72].

Podemos citar nesse sentido as seguradoras e as financeiras que de forma automatizada calculam o valor do prêmio a ser pago pelo segurado ou o valor do crédito e da taxa de financiamento de acordo com a análise de dados pessoais coletados para avaliar se o indivíduo é bom ou mau pagador, ou qual a probabilidade de ele utilizar o seguro.

Cada vez mais as máquinas têm tomado decisões de forma automatizada, como no caso da inteligência artificial, sendo que

---

72 A internet das coisas e a Lei Geral de Proteção de Dados: reflexões sobre os desafios do consentimento e do direito à explicação in Lei Geral de Proteção de Dados. *Revista do Advogado*, n. 144, nov. 2019. AASP, p. 87.

elas vão coletando dados continuamente até se criar um determinado padrão e a partir dele tomam-se as decisões.

O titular poderá pedir ao controlador relatório detalhado sobre os critérios e procedimentos utilizados para a decisão tomada de forma automatizada e, caso o controlador não forneça tais informações, poderá a Autoridade Nacional de Proteção de Dados auditar o controlador para verificar possíveis aspectos discriminatórios, evidenciando-se nesse dispositivo os Princípios da Transparência e da Não Discriminação.

A inclusão desse artigo pelo legislador revela a sua preocupação com o limite de influência da decisão de uma máquina sobre as vidas das pessoas, considerando-se que muitas vezes a análise de dados se dará de forma automatizada, o que pode levar a premissas errôneas e, consequentemente, a discriminações e abusos por parte do agente de tratamento. Embora o titular possa solicitar a revisão da decisão automatizada é bom ressaltar que ela poderá ser revisada por um robô, não havendo qualquer obrigatoriedade que seja feita por uma pessoa natural.

Art. 21. Os dados pessoais referentes ao exercício regular de direitos pelo titular não podem ser utilizados em seu prejuízo.

Comentários

O exercício regular de direito consiste na faculdade de um cidadão adotar providências para resguardo de um bem tutelado juridicamente, como, por exemplo, estabelecer uma limitação ("castigo") visando educar/ensinar um filho no âmbito do exercício do poder familiar; ou registrar um boletim de ocorrência na Delegacia de Polícia em razão de grave ameaça realizada por um vizinho.

Desse modo, os dados pessoais informados pelo titular em um boletim de ocorrência ou processo judicial, por exemplo, não podem ser utilizados para prejudicá-lo, uma vez que foram informados ou se tornaram públicos visando exercício regular de um direito, como o de ação ou de defesa.

Ressalte-se que não poderá qualquer pessoa física ou jurídica, pública ou privada, utilizar esses dados para prejudicar o titular, que somente os informou para exercer regularmente seu direito.

Art. 22. A defesa dos interesses e dos direitos dos titulares de dados poderá ser exercida em juízo, individual ou coletivamente, na forma do disposto na legislação pertinente, acerca dos instrumentos de tutela individual e coletiva.

Comentários

A lei possibilita ao titular dos dados a sua tutela em juízo, seja individual, seja coletivamente, o que não significa necessariamente uma inovação legislativa, já que a Constituição em seu art. 5º, XXXV, garante a todos os cidadãos o acesso à justiça. O legislador oferece ao titular instrumentos para operacionalizar a defesa de seus direitos.

A tutela coletiva de direitos vem facilitar que titulares de dados pessoais ganhem força para lutar quando sentirem que seus direitos estiverem sob ameaça, à semelhança do que ocorre na tutela do consumidor. Mostra-se cada vez mais eficaz a tutela coletiva para uma mudança significativa na sociedade trazendo soluções eficazes no embate entre os direitos dos cidadãos e as práticas mercadológicas usuais, principalmente se comparada à ação isolada de um indivíduo.

É o que pontua Marcel Leonardi:

Isso porque, em uma sociedade de massa, mecanismos de tutela individual podem resolver de modo eficiente as pretensões isoladas levadas a juízo, mas dificilmente levam a mudanças concretas nas práticas de mercado e modelos de negócio adotados por empresas. Os custos de eventuais indenizações, multas e seguros costumam ser incorporados ao cálculo do preço de produtos e serviços, de forma que modificar ou manter determinado comportamento lesivo que traz vantagens competitivas torna-se, em muitos casos, uma escolha puramente econômica, calculada de forma a encontrar a melhor relação custo-benefício à atividade empresarial. Esse é, inclusive, um dos elementos que justificam a imposição de valores elevados, a título de multa diária, quando se quer obrigar uma empresa de grande porte a fazer ou deixar de fazer alguma coisa.

Contudo, pensamos que a tutela coletiva – representada pelo sistema legal formado principalmente pela Lei da Ação Civil Pública e pelo Código de Defesa do Consumidor – tem mais capacidade de forçar mudanças concretas em certas atitudes adotadas pelo mercado, bem como em modelos de negócio que são indiferentes à proteção de direitos fundamentais, notadamente no âmbito da internet[73].

No mais, pensar em tutela coletiva – como um instrumento mais adequado em relação à tutela individual – é considerar a necessidade de uma mudança de cultura dos operadores do Direito, e da sociedade civil organizada, que ainda estão muito "presos" à litigância, ainda por cima exercida individualmente.

Capítulo IV
DO TRATAMENTO DE DADOS PESSOAIS PELO PODER PÚBLICO

Seção I
Das regras

Art. 23. O tratamento de dados pessoais pelas pessoas jurídicas de direito público referidas no parágrafo único do art. 1º da Lei n. 12.527,

---

73 LEONARDI, Marcel. *Tutela e privacidade na internet*. São Paulo: Saraiva, 2011. p. 232.

de 18 de novembro de 2011 (Lei de Acesso à Informação), deverá ser realizado para o atendimento de sua finalidade pública, na persecução do interesse público, com o objetivo de executar as competências legais ou cumprir as atribuições legais do serviço público, desde que:

I – sejam informadas as hipóteses em que, no exercício de suas competências, realizam o tratamento de dados pessoais, fornecendo informações claras e atualizadas sobre a previsão legal, a finalidade, os procedimentos e as práticas utilizadas para a execução dessas atividades, em veículos de fácil acesso, preferencialmente em seus sítios eletrônicos;

II – (VETADO); e

III – seja indicado um encarregado quando realizarem operações de tratamento de dados pessoais, nos termos do art. 39 desta Lei; e

IV – (VETADO).

§ 1º A autoridade nacional poderá dispor sobre as formas de publicidade das operações de tratamento.

§ 2º O disposto nesta Lei não dispensa as pessoas jurídicas mencionadas no *caput* deste artigo de instituir as autoridades de que trata a Lei n. 12.527, de 18 de novembro de 2011 (Lei de Acesso à Informação).

§ 3º Os prazos e procedimentos para exercício dos direitos do titular perante o Poder Público observarão o disposto em legislação específica, em especial as disposições constantes da Lei n. 9.507, de 12 de novembro de 1997 (Lei do Habeas Data), da Lei n. 9.784, de 29 de janeiro de 1999 (Lei Geral do Processo Administrativo), e da Lei n. 12.527, de 18 de novembro de 2011 (Lei de Acesso à Informação).

§ 4º Os serviços notariais e de registro exercidos em caráter privado, por delegação do Poder Público, terão o mesmo tratamento dispensado às pessoas jurídicas referidas no *caput* deste artigo, nos termos desta Lei.

§ 5º Os órgãos notariais e de registro devem fornecer acesso aos dados por meio eletrônico para a administração pública, tendo em vista as finalidades de que trata o *caput* deste artigo.

Comentários

O art. 23 é considerado uma das hipóteses autorizadoras complementares de tratamento de dados pelo Poder Público, uma vez que os arts. 7º, III, e 11, II, *b*, preveem o tratamento de dados para a execução de política públicas, ao passo que este fala da finalidade pública, na persecução do interesse público para executar as competências legais ou cumprir as atribuições legais do serviço público.

Ele estabelece as adequações necessárias à harmonização da LGPD com a Lei de Acesso à Informação (Lei n. 12.527/2011), especificamente porque ambas tratam de pessoas jurídicas de direito público ou de direito privado que exerçam atividades de interesse público.

Danilo Doneda, coordenador geral de estudos e monitoramento de mercado da Secretaria Nacional do Consumidor do Ministério da Justiça, destaca o espírito da proteção de dados no sentido de que: "a transparência deve ser diretamente proporcional ao poder; privacidade deve ser inversamente proporcional"[74].

O acesso à informação previsto constitucionalmente é o tema da Lei n. 12.527/2011, sendo que a LGPD traz nesse artigo a aplicabilidade daquela lei dentro dos princípios da finalidade e transparência por tratarem de dados pessoais. Em outras palavras, as pessoas jurídicas previstas no *caput* deverão possibilitar o acesso à informação do titular de dados, fornecendo, inclusive, dentre outras informações qual a base legal utilizada para o tratamento.

Fica explícito que, mesmo para a persecução do interesse público, os princípios aplicáveis à proteção de dados pessoais deverão

---

74 Disponível em: http://www.cgu.gov.br/sobre/institucional/eventos/anos-
-anteriores/2017/5-anos-da-lei-de-acesso/arquivos/mesa-3-danilo-doneda.pdf.
Acesso em: 3 jun. 2019.

ser respeitados, evidenciando pela expressão "desde que" aposta no *caput* do artigo, ou seja, mesmo que para o atendimento da finalidade pública, as informações destacadas no inciso I devem ser fornecidas e deve haver um responsável pelo tratamento de dados por um operador.

A clareza e a atualidade das informações necessárias ao tratamento de dados pelo Poder Público encontram similitude com o previsto no art. 2º, IV, do Marco Civil da Internet, que prevê a abertura e a colaboração como um dos fundamentos do uso da rede mundial de computadores no Brasil. Nesse sentido, pondera-se que o *e-government*, ou governo eletrônico, seja comprometido com os valores democráticos em uma busca constante pelo aumento da transparência, ampliando o acesso à informação para que o cidadão desenvolva um senso político crítico que o levará a uma maior qualificação no que tange à tomada de decisões em assuntos de interesse público[75].

O Poder Público deverá, portanto, levar em conta o fundamento da abertura e da colaboração no uso da internet quando tratar dados, na medida em que está condicionado a tratar dados, desde que todas as informações descritas no artigo sejam de fácil acesso ao cidadão, preferencialmente em seus sítios eletrônicos.

Ademais, a lei determina que as pessoas jurídicas referidas no *caput*, quando fornecerem dados a um operador, tenham um encarregado responsável para verificar o cumprimento das normas sobre a matéria e as instruções fornecidas a ele.

---

75 BEÇAK, Rubens; LONGHI, João Victor Rozatti. Abertura e colaboração como fundamentos do Marco Civil da Internet. In: DE LUCCA, Newton; SIMÃO FILHO, Adalberto; LIMA, Cíntia Rosa Pereira de (Coords.). *Direito & Internet III – Tomo I: Marco Civil da Internet (Lei n. 12.965/2014)*. São Paulo: Quartier Latin, 2015. p. 144-145.

No que tange aos prazos e aos procedimentos para exercício dos direitos do titular perante o Poder Público, conforme dispõe o § 3º, será observado o que estiver previsto em normas jurídicas especiais, sobretudo os dispositivos da Lei do *Habeas Data* (Lei n. 9.507/97), da Lei Geral do Processo Administrativo (Lei n. 9.784/99) e da Lei de Acesso à Informação (Lei n. 12.527/2011).

Quanto aos serviços notarias e de registro, o Conselho Nacional de Justiça editou o Provimento n. 74, de 31 de julho de 2018[76], que dispõe sobre padrões mínimos de tecnologia da informação para a segurança, integridade e disponibilidade de dados para a continuidade da atividade pelos serviços notariais e de registro do Brasil. Esse provimento se adequa às pretensões da LGPD, na medida em que impõe aos serviços notariais e de registro que tenham disponíveis as informações claras sobre o tratamento de dados que realizam, devendo na forma do § 5º fornecer à Administração Pública os dados por meio eletrônico.

Art. 24. As empresas públicas e as sociedades de economia mista que atuam em regime de concorrência, sujeitas ao disposto no art. 173 da Constituição Federal, terão o mesmo tratamento dispensado às pessoas jurídicas de direito privado particulares, nos termos desta Lei.

Parágrafo único. As empresas públicas e as sociedades de economia mista, quando estiverem operacionalizando políticas públicas e no âmbito da execução delas, terão o mesmo tratamento dispensado aos órgãos e às entidades do Poder Público, nos termos deste Capítulo.

---

76 Disponível em: http://www.cnj.jus.br/busca-atos-adm?documento=3517. Acesso em: 3 jun. 2019.

Comentários

Em cumprimento ao previsto no § 1º do art. 173 da Constituição[77], as empresas públicas e as sociedades de economia mista são regidas pela Lei n. 13.303/2016, que dispõe sobre o estatuto jurídico da empresa pública, da sociedade de economia mista e de suas subsidiárias, no âmbito da União, dos Estados, do Distrito Federal e dos Municípios.

Por sua vez, o inciso II do art. 173 da Constituição prevê a sujeição dessas empresas ao mesmo regime jurídico das empresas privadas, o que inclui direitos e obrigações de natureza civil, empresarial/comercial, tributária e trabalhista.

Do mesmo modo, o art. 24 da LGPD equiparou as empresas públicas e as sociedades de economia mista ao Poder Público ao operacionalizarem políticas públicas. Por exemplo, nos casos da Caixa Econômica Federal, do Banco do Brasil e dos Correios, quando estiverem comercializando produtos (bancários, financeiros etc.), sujeitar-se-ão à legislação da mesma forma que os entes privados.

A lei estabelece que tais entes, de acordo com a atividade exercida, terão tratamento semelhante ora a ente privado, ora a ente público, diferenciando-se, dentre outros, no que tange às suas obrigações e eventuais sanções em caso de descumprimento da lei.

---

77 "Art. 173. Ressalvados os casos previstos nesta Constituição, a exploração direta de atividade econômica pelo Estado só será permitida quando necessária aos imperativos da segurança nacional ou a relevante interesse coletivo, conforme definidos em lei.
§ 1º A lei estabelecerá o estatuto jurídico da empresa pública, da sociedade de economia mista e de suas subsidiárias que explorem atividade econômica de produção ou comercialização de bens ou de prestação de serviços, dispondo sobre: (...)
II – a sujeição ao regime jurídico próprio das empresas privadas, inclusive quanto aos direitos e obrigações civis, comerciais, trabalhistas e tributários."

Em 2013, foi noticiado que clientes do Banco do Brasil tiveram seus dados expostos devido a uma falha no seu *site*, em que qualquer pessoa com acesso à área em questão (cliente do banco ou em posse desses dados) conseguia visualizar nome, número do CPF, endereço, telefone, *e-mail*, agência e número da conta de outro segurado, por meio de uma simples alteração no código, que pode ser visualizado com qualquer navegador[78].

Contudo, se essa referida falha ocorresse após a vigência da presente LGPD, o Banco do Brasil seria tratado como ente privado, uma vez que, naquela oportunidade, não estava operacionalizando políticas públicas.

Art. 25. Os dados deverão ser mantidos em formato interoperável e estruturado para o uso compartilhado, com vistas à execução de políticas públicas, à prestação de serviços públicos, à descentralização da atividade pública e à disseminação e ao acesso das informações pelo público em geral.

Comentários

Interoperabilidade consiste na capacidade de um sistema se comunicar com outro sistema, que pode ser semelhante ou não ao primeiro. A interoperabilidade pressupõe a transparência no tratamento de dados, principalmente no que tange à execução de políticas públicas, prestação de serviços públicos e à descentralização de atividade pública.

A hipótese legal para o tratamento de dados pela Administração Pública tem como objetivo o interesse público, já que se jus-

---

78   Segundo notícia do *site* Canaltech. Disponível em: https://canaltech.com.br/seguranca/Milhoes-de-clientes-do-Banco-do-Brasil-e-Bradesco-tem-dados-expostos-por-falha/. Acesso em: 3 jun. 2019.

tifica para a execução de políticas públicas e à prestação de serviços públicos. Dessa forma, para a consecução do fim pretendido, nada mais coerente do que os dados pessoais estarem em formato interoperável, facilitando-se assim o seu compartilhamento para beneficiar seus titulares através do acesso à informação do público em geral.

Um viés extremamente relevante na coleta em massa de dados pessoais pelo Poder Público está no fato de ele poder utilizá-los de forma a descentralizar a sua atividade pública, como, por exemplo, para atingir municípios em que as pessoas tenham menos acesso à educação, o que pode ser constatado pelo nível de escolaridade das pessoas que ali residem.

Quanto mais fidedigno possível, um banco de dados pode ajudar a implementação de políticas públicas e à prestação de serviços públicos; mas para isso é necessário que os dados sejam capazes de transitar entre os mais diversos órgãos públicos de forma interoperável e estruturada, não perdendo de vista a sua finalidade, que é o interesse público.

Destaca-se nesse artigo o acesso à informação garantido pela Lei n. 12.527/2011, uma vez que o Poder Público (Estados, Distrito Federal e Municípios, inclusive Tribunais de Conta e Ministério Público) é obrigado a dar publicidade a informações referentes ao recebimento e à destinação dos recursos públicos por elas recebidos.

Art. 26. O uso compartilhado de dados pessoais pelo Poder Público deve atender a finalidades específicas de execução de políticas públicas e atribuição legal pelos órgãos e pelas entidades públicas, respeitados os princípios de proteção de dados pessoais elencados no art. 6º desta Lei.

§ 1º É vedado ao Poder Público transferir a entidades privadas dados pessoais constantes de bases de dados a que tenha acesso, exceto:

I – em casos de execução descentralizada de atividade pública que exija a transferência, exclusivamente para esse fim específico e determinado, observado o disposto na Lei n. 12.527, de 18 de novembro de 2011 (Lei de Acesso à Informação);

II – (VETADO);

III – nos casos em que os dados forem acessíveis publicamente, observadas as disposições desta Lei.

IV – quando houver previsão legal ou a transferência for respaldada em contratos, convênios ou instrumentos congêneres; ou

V – na hipótese de a transferência dos dados objetivar exclusivamente a prevenção de fraudes e irregularidades, ou proteger e resguardar a segurança e a integridade do titular dos dados, desde que vedado o tratamento para outras finalidades.

§ 2º Os contratos e convênios de que trata o § 1º deste artigo deverão ser comunicados à autoridade nacional.

Comentários

Novamente o legislador destaca a aplicabilidade de todos os princípios da lei para o compartilhamento de dados pelo Poder Público. Se o Poder Público trata dados pessoais com finalidades públicas não deve transferir esses dados ao setor privado, salvo para execução descentralizada de serviço público, quando os dados forem públicos, caso haja previsão legal ou quando objetivar a prevenção de fraudes e irregularidades, bem como para segurança e integridade do titular dos dados.

A inclusão do inciso IV pela Lei n. 13.853/2019 visou resguardar principalmente o terceiro setor que se utiliza de dados pessoais fornecidos pelo Poder Público, desde que respaldados por contrato, convênios ou instrumentos congêneres.

Mesmo antes da entrada em vigor da LGPD, o Ministério Público do Distrito Federal anunciou a abertura de uma investigação oficial sobre a Serpro, o Serviço Federal de Processamento de Dados, que é uma empresa pública federal de tecnologia da informação. Essa empresa é a responsável pela unificação de cadastros dos cidadãos e, segundo apurado, ela estaria vendendo as informações coletadas para empresas privadas e outras instituições oficiais. O *site* Consulta Pública, que chegou a ser fechado a partir da atuação do Ministério Público, era um dos envolvidos em razão da exibição livre de dados pessoais de cidadãos. Porém, a gravidade do incidente estaria no fato de que outras muitas empresas estariam envolvidas[79].

O Poder Público por ocupar uma posição que lhe permite exigir que o titular forneça seus dados pessoais, evidentemente se atendidos os requisitos legais, deverá adotar cautela redobrada no tratamento de dados pessoais, ainda mais considerado o grande volume de dados que possui.

Art. 27. A comunicação ou o uso compartilhado de dados pessoais de pessoa jurídica de direito público a pessoa de direito privado será informado à autoridade nacional e dependerá de consentimento do titular, exceto:

I – nas hipóteses de dispensa de consentimento previstas nesta Lei;

II – nos casos de uso compartilhado de dados, em que será dada publicidade nos termos do inciso I do *caput* do art. 23 desta Lei; ou

III – nas exceções constantes do § 1º do art. 26 desta Lei.

Parágrafo único. A informação à autoridade nacional de que trata o *caput* deste artigo será objeto de regulamentação.

---

79 Disponível em: https://canaltech.com.br/governo/governo-federal-e-investigado-por--suposta-venda-de-dados-de-cidadaos-115070/. Acesso em: 4 jun. 2019.

Comentários

Para que o Poder Público possa compartilhar dados pessoais com um ente privado, exige a lei que se atendam simultaneamente a dois requisitos: o consentimento do titular e a comunicação à autoridade nacional, o que aponta sobremaneira para a restrição pela qual deve operar esse compartilhamento.

Caso não se encaixe nas hipóteses legais autorizadoras de compartilhamento, o Poder Público deverá demonstrar que obteve o consentimento do titular e que informou a autoridade nacional com vistas a justificar o compartilhamento de dados colhidos visando o interesse público com entes que possuem interesses particulares.

Para a aplicação prática do disposto no artigo sob comento far-se-á necessária a sua regulamentação pela Autoridade Nacional, conforme o teor do no parágrafo único acrescido por força da Lei n. 13.853/2019.

Art. 28. (VETADO).

Art. 29. A autoridade nacional poderá solicitar, a qualquer momento, aos órgãos e às entidades do poder público, a realização de operações de tratamento de dados pessoais, informações específicas sobre o âmbito e a natureza dos dados e demais detalhes do tratamento realizado e poderá emitir parecer técnico complementar para garantir o cumprimento desta Lei.

Comentários

O interesse público autoriza o tratamento de dados pessoais, desde que dentro dos parâmetros legais.

A autoridade nacional é a responsável por zelar para que o tratamento de dados realizado pelo Poder Público esteja em conformidade com a lei e poderá, caso entenda necessário, estipular outros requisitos ou adequações para que o tratamento esteja dentro dos parâmetros legais.

Esse art. 29 da LGPD evidencia a importância de a autoridade nacional ser um órgão independente, autônomo e altamente especializado, visto que a lei afeta todos os setores do país, tanto público quanto privado, e considerando a sua importância na fiscalização do próprio Poder Público deve atuar sem qualquer vínculo ou receio.

Art. 30. A autoridade nacional poderá estabelecer normas complementares para as atividades de comunicação e de uso compartilhado de dados pessoais.

Comentários

Há cautela por parte do legislador em determinar à autoridade nacional a possibilidade de estabelecer outras normas, além das previstas na lei, já que ela detém poder normativo relacionado à proteção de dados pessoais, podendo regular a comunicação e o compartilhamento de dados pessoais pelo Poder Público.

Isso denota que para maior efetividade à proteção de dados pessoais deve se levar em consideração diversos fatores, pois a depender do caso concreto demandar-se-á maior ou menor rigor para possibilitar o tratamento dos dados.

Seção II
Da responsabilidade

Art. 31. Quando houver infração a esta Lei em decorrência do tratamento de dados pessoais por órgãos públicos, a autoridade nacional poderá enviar informe com medidas cabíveis para fazer cessar a violação.

Comentários

Os órgãos públicos não estão sujeitos às sanções pecuniárias, diferentemente dos entes privados. Desse modo, tais órgãos deverão tomar as medidas cabíveis para fazer cessar a violação.

A autoridade nacional aparece mais uma vez como protagonista, já que ela será quem enviará quais as medidas cabíveis para o órgão público fazer cessar a ofensa (violação) ao bem jurídico tutelado.

É inerente ao Poder Público o tratamento de dados pessoais e considerando que ele visa garantir o bem da coletividade, falando em nome de toda a sociedade, sua responsabilização será diferenciada, o que não significa inexistente.

A relevância de um relatório de impacto de dados também se faz presente, vez que poderá auxiliar nas medidas cabíveis em caso de incidentes, o que está expressamente previsto no artigo posterior.

Art. 32. A autoridade nacional poderá solicitar a agentes do Poder Público a publicação de relatórios de impacto à proteção de dados pessoais e sugerir a adoção de padrões e de boas práticas para os tratamentos de dados pessoais pelo Poder Público.

Comentários

É crucial à realização de políticas públicas pelo Poder Público que este trate dados pessoais. Isso significa que, muitas vezes, a quantidade de dados pessoais será considerável, já que visa atingir o maior número de pessoas possível.

O acesso a dados pessoais pelo Poder Público, considerando o interesse da coletividade, deverá sempre preservar os princípios previstos nessa lei, de forma que poderá a autoridade nacional solicitar a publicação de relatórios e a adoção de padrões e de boas práticas visando proteger os titulares dos dados.

Os relatórios de impacto à proteção de dados, por mais que apareça como uma possibilidade e não exigência da autoridade nacional, deveriam ser regra, visto que ao se efetuar uma análise preventiva de todo "ciclo de vida" do dado pessoal, bem como de todas as suas peculiaridades, dentre as quais os riscos inerentes ao seu tratamento e a identificação de todas as pessoas envolvidas no seu tratamento, poderá evitar incidentes e prever medidas mitigatórias de possíveis danos (abordaremos o relatório de impacto à proteção de dados pessoais em maiores detalhes no art. 38).

Capítulo V
DA TRANSFERÊNCIA INTERNACIONAL DE DADOS

Art. 33. A transferência internacional de dados pessoais somente é permitida nos seguintes casos:

I – para países ou organismos internacionais que proporcionem grau de proteção de dados pessoais adequado ao previsto nesta Lei;

II – quando o controlador oferecer e comprovar garantias de cumprimento dos princípios, dos direitos do titular e do regime de proteção de dados previstos nesta Lei, na forma de:

a) cláusulas contratuais específicas para determinada transferência;

b) cláusulas-padrão contratuais;

c) normas corporativas globais;

d) selos, certificados e códigos de conduta regularmente emitidos;

III – quando a transferência for necessária para a cooperação jurídica internacional entre órgãos públicos de inteligência, de investigação e de persecução, de acordo com os instrumentos de direito internacional;

IV – quando a transferência for necessária para a proteção da vida ou da incolumidade física do titular ou de terceiro;

V – quando a autoridade nacional autorizar a transferência;

VI – quando a transferência resultar em compromisso assumido em acordo de cooperação internacional;

VII – quando a transferência for necessária para a execução de política pública ou atribuição legal do serviço público, sendo dada publicidade nos termos do inciso I do *caput* do art. 23 desta Lei;

VIII – quando o titular tiver fornecido o seu consentimento específico e em destaque para a transferência, com informação prévia sobre o caráter internacional da operação, distinguindo claramente esta de outras finalidades; ou

IX – quando necessário para atender as hipóteses previstas nos incisos II, V e VI do art. 7º desta Lei.

Parágrafo único. Para os fins do inciso I deste artigo, as pessoas jurídicas de direito público referidas no parágrafo único do art. 1º da Lei n. 12.527, de 18 de novembro de 2011 (Lei de Acesso à Informação), no âmbito de suas competências legais, e responsáveis, no âmbito de suas atividades, poderão requerer à autoridade nacional a avaliação do nível de proteção a dados pessoais conferido por país ou organismo internacional.

Comentários

Quando se almeja uma efetiva proteção de dados pessoais, deve-se dar uma atenção especial à transferência internacional de dados, já que qualquer dado pessoal pode ser transferido facilmente pela internet para qualquer país e atualmente a maior parte das empresas transfere dados internacionalmente. Não é possível regular a proteção de dados sem pensar na cooperação entre jurisdição internacional e extraterritorialidade.

A eficácia de uma lei altamente rigorosa no que tange à proteção de dados pessoais depende da tutela específica da sua transferência para ordenamentos jurídicos estrangeiros. A equivalência na legislação é de suma importância e se faz necessária para que os dados pessoais enviados se mantenham protegidos por controladores fora da abrangência da norma nacional.

Andrei Gutierrez comenta a respeito da transferência internacional de dados:

> E chegamos a um elemento crucial para países que estejam elaborando estratégias de desenvolvimento econômico e social. A imposição de restrições legais, regulatórias, ou até mesmo a ausência de infraestrutura física para o fluxo de dados são elementos limitadores para uma estratégia desenvolvimentista na era digital. Por um lado, significam a impossibilidade de acesso às mais atuais tecnologias, prejudicando a competitividade de empresas localizadas no país que exportam produtos e serviços. Por outro, podem dificultar a importação/exportação de serviços – que dependeria de uma migração de profissionais, de servidores e aplicações para o país receptor do serviço. Esse é exatamente o caso de alguns provedores de aplicação que cessaram a oferta de seus produtos no mercado europeu a partir da entrada em vigor do GDPR, em 25 de maio de 2018[80].

Em casos de não equivalência entre as legislações brasileira e do país estrangeiro (para o qual se pretenda transferir os dados pessoais), o controlador terá que cumprir com uma série de exigências para que ela seja viabilizada, como por meio de cláusulas, normas, selos e certificados dependentes de requisitos específicos (que serão tratados nos comentários do art. 35).

Destaque-se aqui a possibilidade de transferência internacional de dados para a cooperação jurídica internacional entre órgãos públicos de inteligência, de investigação e de persecução, como, por

---

80   GUTIERREZ, Andrei. Transferência Internacional de dados & estratégias de desenvolvimento nacional. In: MALDONADO, Viviane Nóbrega; BLUM, Renato Ópice. *Comentários ao GDPR*. São Paulo: Thomson Reuters Brasil, 2018. p. 218.

exemplo, para combate de crimes cibernéticos, que podem envolver toda uma rede de criminosos em diversos países diferentes.

Em 2008, Rob van den Hoven van Genderen, diretor do Centro de Direito e Internet da Faculdade de Direito da Universidade de Amsterdã, preparou um relatório sobre Cibercriminalidade para o Conselho da Europa, quando defendeu que novos crimes exigiam novas competências, mas que os princípios de proteção de dados pessoais não prejudicariam o trabalho das autoridades internacionais. Nesse aspecto, o diretor recomendou que as autoridades policiais e judiciais deveriam aplicar os princípios em atividades processuais criminais, seja através de legislação internacional ou de códigos de conduta. Segundo ele, para que houvesse o adequado tratamento de dados em questões pré-investigativas, processos, e nas diferentes fases de vigilância por autoridades judiciais, seria necessário indicar claramente quais seriam os princípios aplicáveis ao processamento de dados[81].

Aqui no Brasil, em 2018 o procurador do MPF, Carlos Bruno Ferreira, ressaltou a importância da promulgação da LGPD, já que é questão imprescindível para a inserção do país na cooperação jurídica internacional, que dependia dessa lei nacional com características gerais, especialmente com uma autoridade nacional de proteção de dados. Segundo o procurador, especificamente para o MPF, a lei contribuiria para a inserção do Brasil na EuroJust, associação europeia de Ministérios Públicos para investigação, e que tem grandes chances de se tornar uma associa-

---

81 Tradução livre do texto disponível em: http://www.mpf.mp.br/atuacao-tematica/sci/ dados-da-atuacao/eventos-2/eventos-internacionais/conteudo-banners-1/crimes--ciberneticos/cybercrime-investigation-and-the-protection-of-personal-data-and--privacy/view. Acesso em: 13 jun. 2019.

ção internacional de ministérios públicos, visto que possui países de fora da UE[82].

O consentimento no caso de transferência internacional de dados deverá ser específico e em destaque, sendo que o titular deverá saber do caráter internacional da coleta de dados, o que demandará esforços consideráveis por parte do controlador.

Art. 34. O nível de proteção de dados do país estrangeiro ou do organismo internacional mencionado no inciso I do *caput* do art. 33 desta Lei será avaliado pela autoridade nacional, que levará em consideração:

I – as normas gerais e setoriais da legislação em vigor no país de destino ou no organismo internacional;

II – a natureza dos dados;

III – a observância dos princípios gerais de proteção de dados pessoais e direitos dos titulares previstos nesta Lei;

IV – a adoção de medidas de segurança previstas em regulamento;

V – a existência de garantias judiciais e institucionais para o respeito aos direitos de proteção de dados pessoais; e

VI – outras circunstâncias específicas relativas à transferência.

Comentários

À semelhança do regulamento europeu que a inspirou, a LGPD estabelece critérios para a transferência internacional de dados, que objetivamente nesse artigo necessitará da autoridade nacional para avaliar se o país estrangeiro a que se pretende transferir o dado atende aos requisitos mínimos para a sua transferência.

---

82   Entrevista concedida pelo procurador do MPF Carlos Bruno Ferreira ao portal Jota. Disponível em: https://www.jota.info/coberturas-especiais/liberdade-de-expressao/cooperacao-juridica-dados-pessoais-14082018. Acesso em: 14 jun. 2019.

Muitos países já possuem uma legislação específica para a proteção de dados pessoais, como os pertencentes à União Europeia, Estados Unidos, Chile e Uruguai, entretanto cada país adota certo critério para autorizar a transferência internacional de dados.

O legislador se ocupou, a exemplo de seu modelo inspirador – o GDPR –, em garantir que o fluxo internacional de dados se dê entre países que efetivamente possam oferecer segurança nos moldes da legislação nacional, o que dependerá de prévia análise pela autoridade nacional.

A equivalência entre as legislações nacional e do país a que se pretende transferir os dados será feita pela autoridade nacional, de acordo com o previsto nos incisos, que prevê critérios objetivos a fim de se avaliar o nível de proteção de dados de cada país.

Ainda há uma incógnita quanto aos mecanismos que serão adotados pela ANPD para transferência internacional de dados, o que acaba sendo uma consequência do papel disciplinador da Autoridade, estratégico e coerente com a dinâmica de fluxo de dados na economia digital[83].

Em casos de não equivalência entre as legislações, as empresas brasileiras que desejarem transferir dados para agentes de outros países deverão adotar medidas pontuais para estarem aptas a transacionar, adotando, por exemplo, as normas corporativas globais ou cláusulas contratuais padrão, o que pode demandar certo tempo até que a autoridade nacional avalie a sua adequação, nos termos do próximo artigo.

---

83 Transferência Internacional de Dados in: Lei Geral de Proteção de Dados. *Revista do Advogado*, n. 144, nov. 2019. AASP, p. 189.

Art. 35. A definição do conteúdo de cláusulas-padrão contratuais, bem como a verificação de cláusulas contratuais específicas para uma determinada transferência, normas corporativas globais ou selos, certificados e códigos de conduta, a que se refere o inciso II do *caput* do art. 33 desta Lei, será realizada pela autoridade nacional.

§ 1º Para a verificação do disposto no *caput* deste artigo, deverão ser considerados os requisitos, as condições e as garantias mínimas para a transferência que observem os direitos, as garantias e os princípios desta Lei.

§ 2º Na análise de cláusulas contratuais, de documentos ou de normas corporativas globais submetidas à aprovação da autoridade nacional, poderão ser requeridas informações suplementares ou realizadas diligências de verificação quanto às operações de tratamento, quando necessário.

§ 3º A autoridade nacional poderá designar organismos de certificação para a realização do previsto no *caput* deste artigo, que permanecerão sob sua fiscalização nos termos definidos em regulamento.

§ 4º Os atos realizados por organismo de certificação poderão ser revistos pela autoridade nacional e, caso em desconformidade com esta Lei, submetidos a revisão ou anulados.

§ 5º As garantias suficientes de observância dos princípios gerais de proteção e dos direitos do titular referidas no *caput* deste artigo serão também analisadas de acordo com as medidas técnicas e organizacionais adotadas pelo operador, de acordo com o previsto nos §§ 1º e 2º do art. 46 desta Lei.

Comentários

Do mesmo modo que ocorreu com os países que transacionavam com a União Europeia e não tinham legislação de proteção de dados com proteção equivalente à europeia o trâmite para se obter a validação pela autoridade nacional das cláusulas, selos, certificações e normas poderá demorar muito tempo, o que levaria à perda de operações comerciais, daí a corrida brasileira para aprovar a LGPD após a eficácia plena do GDPR:

> These and other small differences between Brazilian GDPL and European GDPR will not prevent Brazil from getting international recognition after the BGDPL entries into effect, as a country that ensures an adequate level of protection for the processing of personal data. Indeed, in some provisions the Brazilian legislation is even more protective of data subjects than GDPR itself[84-85].

Andriei Gutierrez traça uma perspectiva sobre como a União Europeia vem operacionalizando a transferência internacional de dados com países que não possuem a equivalência necessária no que tange às suas legislações. Lá têm sido utilizadas as *Binding Corporate Rules* (BCRs), o equivalente às normas corporativas globais ou Regras Vinculativas Aplicáveis na tradução portuguesa do GDPR, por grandes empresas que transferem seus dados para suas subsidiárias localizadas em países terceiros sem o adequado grau de proteção de dados. Na União Europeia, tem sido muito utilizadas pelas empresas as cláusulas-padrão contratuais ("cláusulas tipo") para transferências internacionais por empresas que não são do mesmo grupo econômico. Todos esses procedimentos de certificação, mesmo sendo possíveis garantias legais para a trans-

---

84 PARENTONI, Leonardo Netto; LIMA, Henrique Cunha Souza. Protection of Personal Data in Brazil: Internal Antinomies and International Aspects. In: LIMA, Cintia Rosa Pereira de. *Comentários à Lei Geral de Proteção de Dados*: Lei n. 13.709/2018 com alterações da Lei 13.853/2019. São Paulo: Almedina, 2020. p. 426.

85 Tradução livre: Essas e outras diferenças entre a LGPD brasileira e a GDPR europeia não impedirão o Brasil de obter reconhecimento internacional depois que a LGPD entrar em vigor, como um país que garante um nível adequado de proteção para o tratamento de dados pessoais. De fato, em alguns dispositivos a lei brasileira é até mais protetora com os titulares de dados que a própria GDPR.

ferência de dados com países que não possuem um grau de adequação, ainda não estão sendo utilizados com frequência, acredita-se pela necessidade de prévia aprovação da Autoridade de Proteção de Dados[86].

Art. 36. As alterações nas garantias apresentadas como suficientes de observância dos princípios gerais de proteção e dos direitos do titular referidas no inciso II do art. 33 desta Lei deverão ser comunicadas à autoridade nacional.

Comentários

Não é demais lembrar que à luz do art. 33, II, a transferência internacional de dados pessoais somente é permitida quando o controlador oferecer e comprovar garantias de cumprimento dos princípios, dos direitos do titular e do regime de proteção de dados previstos por meio de: cláusulas contratuais específicas para determinada transferência; cláusulas-padrão contratuais; normas corporativas globais; selos, certificados e códigos de conduta regularmente emitidos.

Desse modo, o art. 36 da Lei n. 13.706/2018 alerta o agente de tratamento que eventuais alterações deverão ser comunicadas à autoridade nacional, com vistas a garantir que os direitos dos titulares, bem como os princípios da lei, não serão atingidos.

No mais, qualquer alteração posterior sem a devida comunicação poderá invalidar a garantia, incorrendo o agente em infração da lei, sujeito às sanções cabíveis.

---

86 GUTIERREZ, Andrei. Transferência Internacional de dados & estratégias de desenvolvimento nacional. In: MALDONADO, Viviane Nóbrega; BLUM, Renato Ópice. *Comentários ao GDPR.* São Paulo: Thomson Reuters Brasil, 2018. p. 220-221.

Capítulo VI
DOS AGENTES DE TRATAMENTO DE DADOS PESSOAIS

Seção I
Do controlador e do operador

Art. 37. O controlador e o operador devem manter registro das operações de tratamento de dados pessoais que realizarem, especialmente quando baseado no legítimo interesse.

Comentários

É obrigação legal do controlador e do operador manter o registro de operações de tratamento de dados que realiza, materializando-se o princípio da prestação de contas (*accountability*).

Segundo o princípio da *accountability*, é necessário documentar tudo o que foi feito para dar cumprimento à lei, inclusive as negativas.

Assim, deve-se registrar tudo com relatórios e evidências, que serão de suma importância para se demonstrar o cumprimento da lei. Identificam-se nesse artigo os princípios da transparência e o da responsabilização e prestação de contas, em que não basta cumprir a lei, é necessário que se deixe registrado que a lei foi cumprida.

Não houve determinação pelo legislador de qual seria o conteúdo mínimo ou mesmo quais seriam as suas exceções[87], entretan-

---

87 O art. 9º da Resolução CD/ANPD n. 2, de 27 de janeiro de 2022, publicada pela Autoridade Nacional de Proteção de Dados Pessoais, prevê a possibilidade do registro simplificado aos agentes de tratamento de pequeno porte, porém ainda não foi disponibilizado o modelo pela ANPD. Disponível em: https://www.in.gov.br/en/web/dou/-/resolucao-cd/anpd-n-2-de-27-de-janeiro-de-2022-376562019. Acesso em: 10 mar. 2022.

to a LGPD traz em seu bojo elementos que servem como guia para orientar as organizações de como fazer esse registro, dos quais podem-se citar: identificação do responsável pelo preenchimento; finalidade, forma e duração do tratamento; identificação do controlador com informações de contato; informações acerca do uso compartilhado de dados; base legal atribuída a cada operação; informações relacionadas à transferência internacional quando houver; descrição da natureza dos dados pessoais tratados e informações sobre os titulares envolvidos[88].

O legítimo interesse como mencionado em outro ponto não possui requisito objetivo, podendo ser utilizado como base legal em diversas situações, o que converge para a necessidade do registro, inclusive para o cumprimento do determinado no art. 10 da LGPD.

Perceba-se que o legislador se ocupa em responsabilizar tanto o operador quanto o controlador da obrigatoriedade do registro, demonstrando a solidariedade entre os agentes de tratamento.

Art. 38. A autoridade nacional poderá determinar ao controlador que elabore relatório de impacto à proteção de dados pessoais, inclusive de dados sensíveis, referente a suas operações de tratamento de dados, nos termos de regulamento, observados os segredos comercial e industrial.

Parágrafo único. Observado o disposto no *caput* deste artigo, o relatório deverá conter, no mínimo, a descrição dos tipos de dados coletados, a metodologia utilizada para a coleta e para a garantia da

---

88 FURTADO, Tiago Neves. Registro das operações de tratamento de dados pessoais--data mapping-datadiscovery: por que é importante e como executá-lo. In: BLUM, Opice; VAINZOF, Rony; MORAES, Henrique Fabretti. *Data Protection Officer (Encarregado) – Teoria e prática de acordo com a LGPD e o GDPR*. São Paulo: Thomson Reutes Brasil, 2020. p. 91 e 98

segurança das informações e a análise do controlador com relação a medidas, salvaguardas e mecanismos de mitigação de risco adotados.

Comentários

A legislação brasileira, diferentemente do que dispõe o GDPR, atribuiu à autoridade nacional a competência para avaliar em quais casos será necessária a realização do relatório de impacto à proteção de dados pessoais.

Cada empresa deverá manter seu próprio relatório de dados pessoais, sendo que deverá ser possível conhecer através dele onde está o tratamento de dados, quais são as suas vulnerabilidades e prioridades.

Sobre o Relatório de Impacto à Proteção de Dados Pessoais, Felipe Palhares ressalta que:

O RIPD é um documento que comprova que o controlador, ao perceber que um projeto que envolve o tratamento de dados pessoais poderia carrear algum tipo de risco aos direitos fundamentais ou às liberdades individuais das pessoas naturais, realizou um prévio estudo sobre essa pretendida operação, identificando quais seriam esses riscos, a sua possibilidade de materialização, bem como quais medidas seriam prudentes para eliminar ou minimizar os efeitos adversos potencialmente advindos do tratamento de dados em questão[89].

O parágrafo único traz de forma sucinta e em linhas gerais os requisitos mínimos que deverão conter no relatório, sem maiores detalhamentos. Pode ser que a autoridade nacional ou mesmo o

---

89   PALHARES, Felipe. O Relatório de Impacto à Proteção de Dados Pessoais. In: MAL-DONADO, Viviane. *LGPD: Lei Geral de Proteção de Dados Pessoais*: manual de implementação. São Paulo: Thomson Reuters Brasil, 2019. p. 248.

respectivo regulamento adote padrões similares aos recomendados para a realização da Avaliação de Impacto sobre a Proteção de Dados do GDPR, que já possui diretrizes publicadas pelo *Working Group 29.*

O relatório de impacto à proteção de dados foi instituído pela LGPD em inspiração ao *Data Protection Impact Assessment*[90] (DPIA; em português, Avaliação de Impacto de Proteção de Dados), previsto no art. 35 do GDPR. O regulamento europeu traz alguns requisitos mínimos que devem constar nessa avaliação, conforme segue:

a) Uma descrição sistemática das operações de tratamento previstas e dos objetivos do tratamento, incluindo, se for caso disso, o interesse legítimo do responsável pelo tratamento;

b) Uma avaliação da necessidade e proporcionalidade das operações de tratamento em relação aos fins;

c) Uma avaliação dos riscos para os direitos e liberdades dos titulares dos dados referidos no n. 1; e

d) As medidas previstas para enfrentar os riscos, incluindo as salvaguardas, as medidas e os mecanismos de segurança para assegurar a proteção dos dados pessoais e para demonstrar a conformidade com o presente regulamento, tendo em conta os direitos e os interesses legítimos das pessoas em causa e das outras pessoas afetadas[91].

O Relatório de Impacto à Proteção de Dados Pessoais deve ser levado em consideração como o início de uma mudança de mentalidade por ser realizado previamente a qualquer incidente de

---

90 Para visualização de como um DPIA pode ser elaborado consulte *template* disponível no *site*: https://iapp.org/media/pdf/resource_center/dpia-template-v04-post-comms--review-20180308.pdf. Acesso em: 18 fev. 2020.

91 Disponível em: https://gdpr-info.eu/art-35-gdpr/. Acesso em: 14 jun. 2019.

segurança, devendo conter medidas, salvaguardas e mecanismos de mitigação de riscos adotados.

A depender da atividade realizada e dos dados tratados o relatório será indispensável ao responsável pelo tratamento de dados, contudo outras empresas, mesmo que desobrigadas, poderão adotar como padrão a realização do relatório, inclusive para fins de mitigação de sanção em caso de incidente de segurança. Observa-se aqui a aplicação prática do Princípio da Prevenção.

Fabrício da Mota Alves, ao tecer suas considerações a respeito da Avaliação de Impacto sobre a Proteção de Dados no GDPR, destaca como ela pode contribuir para a valorização das empresas:

> A AIPD é uma forma bastante eficaz de demonstrar conformidade com o GDPR, paralelamente à elaboração de códigos de conduta. O investimento de tempo e de recursos econômicos ou de pessoal para esse tipo de procedimento agrega valor às atividades corporativas de uma empresa, na medida em que reforçam a permanente preocupação de mitigação de riscos ao titular de dados pessoais[92].

A experiência estrangeira poderá ser de suma importância para a autoridade nacional atuar adequadamente no âmbito da legislação brasileira de proteção de dados.

O Governo Federal divulgou em sua página[93] um *template* do Relatório de Impacto à Proteção de Dados, que pode servir atualmente como um guia para os controladores.

---

92   ALVES, Fabrício da Mota. Avaliação de impacto sobre a proteção de dados. In: MALDONADO, Viviane Nóbrega; BLUM, Renato Ópice. *Comentários ao GDPR*. São Paulo: Thomson Reuters Brasil, 2018. p. 186.

93   *Template* disponível em: https://www.gov.br/governodigital/pt-br/governanca-de--dados/GuiatemplateRIPD.pdf. Acesso em: 20 nov. 2020.

Art. 39. O operador deverá realizar o tratamento segundo as instruções fornecidas pelo controlador, que verificará a observância das próprias instruções e das normas sobre a matéria.

Comentários

Existe a obrigação legal de o operador realizar o tratamento de dados segundo as informações fornecidas pelo controlador, entretanto a responsabilidade pela observância dessas instruções é do próprio controlador, que responde solidariamente em caso de qualquer incidente de segurança.

Veja-se que o controlador, independentemente de estar em conformidade com as normas sobre a proteção de dados, também deverá se preocupar com todos os operadores que poderão tratar dados em seu nome. Revela-se aqui a importância de o controlador se atentar para todos os operadores que contratar, inclusive se precavendo em contratos e, principalmente, em medidas que assegurem que o operador cumpra com as instruções dadas e com as normas aplicáveis à proteção de dados. Utiliza-se, nesse caso, o que se chama de *data processing agreement*; em português, acordo de processamento de dados.

O art. 28 do GDPR trata do *processor* (equivalente ao operador da LGPD), prevendo a obrigatoriedade de um contrato ou outro ato jurídico para que o tratamento seja realizado pelo operador em nome do controlador, o que deve ser realizado nos termos da legislação da União ou de um Estado-Membro. Isso é vinculativo para o operador em relação ao responsável pelo tratamento e que indique o objeto, a duração, a natureza e finalidade do tratamento, bem como o tipo de dados pessoais e categorias de titulares dos dados e as obrigações e direitos do responsável pelo tratamento.

Para se ter uma noção de como deverá ser elaborado o contrato firmado entre controlador e operador, transcreve-se a seguir as orientações trazidas pelo GDPR para elaboração do contrato ou outro ato jurídico, que estipula que o operador:

1) processe os dados pessoais apenas com base em instruções documentadas do responsável pelo tratamento, incluindo no que diz respeito a transferências de dados pessoais para um país terceiro ou uma organização internacional, a menos que seja obrigado pela legislação da União ou do Estado-Membro a que o processador está sujeito; em tal caso, o processador informará o controlador dessa exigência legal antes do processamento, a menos que essa lei proíba tal informação por importantes razões de interesse público;

2) assegure que as pessoas autorizadas a tratar os dados pessoais se comprometeram com a confidencialidade ou estão sujeitas a uma obrigação estatutária de confidencialidade;

3) tome todas as medidas exigidas nos termos do art. 32 do GDPR;

4) respeite as condições referidas nos números 2 e 4 do GDPR para a contratação de outro operador;

5) tendo em conta a natureza do tratamento, assista o responsável, mediante medidas técnicas e organizacionais adequadas, na medida do possível, pelo cumprimento da obrigação do responsável pelo tratamento de responder aos pedidos de exercício dos direitos do titular de dados previstos no capítulo III do GDPR;

6) auxilie o responsável pelo tratamento a garantir o cumprimento das obrigações previstas nos arts. 32º a 36º do GDPR, tendo em conta a natureza do tratamento e a informação ao dispor do operador;

7) à escolha do responsável pelo tratamento, suprima ou devolva todos os dados pessoais ao responsável pelo tratamento após o final da prestação de serviços relacionados com o processamento e elimina cópias existentes, a menos que a legislação da União ou do Estado-Membro exija a conservação dos dados pessoais;

8) coloque à disposição do responsável todas as informações necessárias para demonstrar o cumprimento das obrigações estabelecidas no pre-

sente artigo, permitindo e contribuindo para auditorias, incluindo inspeções, conduzidas pelo controlador ou por outro auditor exigido pelo controlador[94].

Analisando-se as diretivas sugeridas pelo GDPR para a elaboração do contrato ou outro ato jurídico firmado entre operador e controlador, pode-se mensurar o quão específicas deverão ser as instruções passadas pelo controlador ao operador, o que será levado em conta para eventual responsabilização do operador e mitigação de responsabilidade do controlador.

A LGPD não traz a obrigatoriedade da elaboração de um contrato entre controlador e operador, mas ele poderá resguardar os interesses de ambas as partes em eventuais responsabilizações decorrentes do tratamento irregular de dados.

É possível assimilar a responsabilização do controlador pelos atos de seus operadores à responsabilidade solidária atribuída aos fornecedores de serviço pelos atos de seus prepostos e representantes autônomos prevista no art. 34 do Código de Defesa do Consumidor. Isso para o âmbito das relações de consumo.

Já na área civil e empresarial, se o preposto agir com culpa, responderá pessoalmente perante o preponente (empresário); se agir com dolo, responderá perante terceiros solidariamente com o preponente. E mais, os preponentes são responsáveis pelos atos de quaisquer prepostos quando praticados dentro do estabelecimento e relativos à atividade da empresa, mesmo que não autorizados por escrito. Se os atos do preposto forem realizados fora do estabelecimento, o preponente estará obrigado nos limites dos poderes con-

---

94 Tradução livre do disposto no art. 28 do GDPR. Disponível em: https://gdpr-info.eu/art-28-gdpr/. Acesso em: 13 jun. 2019.

feridos por escrito. Tudo isso, conforme os arts. 1.177 e 1.178 do Código Civil[95].

Art. 40. A autoridade nacional poderá dispor sobre padrões de interoperabilidade para fins de portabilidade, livre acesso aos dados e segurança, assim como sobre o tempo de guarda dos registros, tendo em vista especialmente a necessidade e a transparência.

Comentários

Vale lembrar que interoperabilidade significa a capacidade de um sistema se comunicar com outro sistema, que pode ser semelhante ou não ao primeiro.

Desse modo, a questão da interoperabilidade é essencial quando se pensa no direito à portabilidade dado ao titular, por isso alguns padrões deverão ser estabelecidos, o que será feito pela autoridade nacional.

O legislador optou por atribuir à autoridade nacional os padrões que deverão ser adotados tanto por controlador como pelo operador para garantir a portabilidade dos dados pessoais, o livre acesso aos titulares de dados e a guarda dos registros.

Essa questão operacional pode variar muito a depender dos tipos de dados, se são sensíveis ou se tratam dados de menores, por exemplo; qual o volume de tratamento de dados; o tamanho da empresa e outros fatores que podem influenciar nas medidas mais eficazes para que o responsável pelo tratamento atenda aos princípios da necessidade e da transparência.

---

95   TEIXEIRA, Tarcisio. *Direito empresarial sistematizado*: doutrina, jurisprudência e prática. 8. ed. São Paulo: Saraiva, 2019. p. 93-94.

O tempo de guarda dos registros é assunto imprescindível a ser definido pela autoridade nacional, considerando-se as obrigações de eliminação de dados prevista no art. 16 atribuída aos agentes de tratamento, para que o agente possa manter ou eliminar dados pessoais após o término de seu tratamento de forma segura, garantindo-se assim o cumprimento da lei.

Seção II
Do encarregado pelo tratamento de dados pessoais

Art. 41. O controlador deverá indicar encarregado pelo tratamento de dados pessoais.

§ 1º A identidade e as informações de contato do encarregado deverão ser divulgadas publicamente, de forma clara e objetiva, preferencialmente no sítio eletrônico do controlador.

§ 2º As atividades do encarregado consistem em:

I – aceitar reclamações e comunicações dos titulares, prestar esclarecimentos e adotar providências;

II – receber comunicações da autoridade nacional e adotar providências;

III – orientar os funcionários e os contratados da entidade a respeito das práticas a serem tomadas em relação à proteção de dados pessoais; e

IV – executar as demais atribuições determinadas pelo controlador ou estabelecidas em normas complementares.

§ 3º A autoridade nacional poderá estabelecer normas complementares sobre a definição e as atribuições do encarregado, inclusive hipóteses de dispensa da necessidade de sua indicação, conforme a natureza e o porte da entidade ou o volume de operações de tratamento de dados.

§ 4º (VETADO).

Comentários

Embora o legislador nacional tenha copiado do GDPR a figura do *Data Protection Officer* (DPO; em português, Oficial de Proteção de Dados), optou por denominá-lo simplesmente de "encarregado pelo tratamento de dados".

Até o presente momento, a única dispensa quanto à nomeação do DPO veio com o art. 11 da Resolução CD/ANPD n. 2, de 27 de janeiro de 2022, que regulamenta o tratamento diferenciado aos agentes de tratamento de pequeno porte, sendo que nesse caso o controlador deve disponibilizar um canal de comunicação com o titular de dados.

Ressalta-se, que mesmo com a dispensa da nomeação do encarregado pelos agentes de tratamento de pequeno porte que se enquadrem na Resolução (chamamos a atenção para o art. 3º que exclui alguns agentes dos benefícios do tratamento diferenciado[96]), a sua indicação será considerada como política de boas práticas e governança pela autoridade, ou seja, poderá será um diferencial positivo na dosimetria de eventual pena.

A par da exceção trazida alhures, toda e qualquer pessoa física ou jurídica, que trate dados pessoais, terá a obrigatoriedade de indicar um encarregado pelo tratamento de dados pessoais.

Assim como o DPO europeu, no Brasil, o encarregado pelo tratamento de dados pessoais pode ser pessoa física ou jurídica (art. 5º, VII).

---

96 O art. 3º da Resolução CD/ANPD n. 2, de 27 de janeiro de 2022, publicada pela Autoridade Nacional de Proteção de Dados Pessoais, traz quais agentes de tratamento não serão beneficiados por ela. Disponível em: https://www.in.gov.br/en/web/dou/-/resolucao-cd/anpd-n-2-de-27-de-janeiro-de-2022-376562019. Acesso em: 10 mar. 2022.

Diante da sua relevância para a lei e de suas atribuições já listadas nesse art. 41, algumas considerações devem ser feitas quanto às suas características, baseando-se na figura que lhe inspirou o DPO.

Recomenda-se que o encarregado seja independente do resto da empresa; ele deve ser neutro, isento, com orçamento próprio. Ainda, seu cargo deve ser exercido com autonomia, sem qualquer vínculo da sua remuneração com os resultados da empresa, com total imparcialidade, reportando-se diretamente à diretoria, entretanto sem se subordinar a ela, mantendo a cultura de dados, já que terá de acompanhar a "vida" e a "rotina" dos dados, por ter a proteção de dados aplicação transversal, relacionando-se com todas as áreas da empresa.

O encarregado, à semelhança do DPO, não está obrigado a garantir o cumprimento da LGPD, pois essa é uma atribuição dos agentes de tratamento de dados (controlador e operador). Não pode, portanto, o DPO, ou na versão brasileira, o encarregado, ser responsabilizado pelo descumprimento da legislação, devendo sua responsabilidade pessoal estar limitada ao bom exercício de sua função, que, dentre outras, inclui fornecer aos agentes todas as informações relativas à proteção de dados[97].

Alguns pontos ficaram de fora da legislação e precisarão de maiores definições por parte da autoridade nacional. À época, a responsável pela área contratual na Diretoria Jurídica da Federação Brasileira de Bancos e coordenadora da Subcomissão de Negócios Bancários, Florence Terada, no I Congresso Internacional de Dados

---

97 CHAVES, Luis Fernando Prado. Responsável pelo tratamento, subcontratante e DPO. In: MALDONADO, Viviane Nóbrega; BLUM, Renato Ópice. *Comentários ao GDPR*. São Paulo: Thomson Reuters Brasil, 2018. p. 136.

realizado em 2018 na cidade de São Paulo, levantou alguns questionamentos sobre a figura do encarregado que devem ser aqui consideradas. É obrigatória a presença física do encarregado no Brasil? Os canais preexistentes de comunicação das empresas poderão ser utilizados e direcionados para proteção de dados? Quais empresas estarão obrigadas a ter um encarregado?

Aponta-se conflito existente na LGPD quanto à obrigatoriedade de indicação de encarregado pelo operador, na medida em que a Lei n. 13.853/2019 alterou a redação do art. 5º, VIII, passando a definir encarregado como pessoa indicada pelo controlador e operador, ao passo que no artigo ora em comento essa responsabilidade caberia somente ao controlador. A ANPD em breve regulamentará o assunto. Fato é que algumas empresas, mesmo que em determinadas relações jurídicas figurem como operadoras, poderão em outras relações exercer o papel de controladoras.

Para melhor ilustrar a situação acima pensemos em uma empresa de tecnologia da informação que preste serviço para uma construtora, tratando dados pessoais conforme determinações desta última. Nessa relação, a empresa de tecnologia figura como operadora (sendo que a sua obrigatoriedade de indicar um encarregado seria questionável diante do conflito da lei). Contudo, essa mesma empresa de tecnologia da informação, ao tratar os dados pessoais de seus empregados, figurará como controladora (sendo que nessa condição precisará indicar um encarregado).

De qualquer sorte, o que se espera é que a escolha do encarregado seja feita de forma cautelosa, levando-se em consideração fatores que interferem diretamente na qualidade de seu trabalho:

> Portanto, na escolha do DPO, devem ser levados em consideração a sua experiência, conhecimento, credenciais e habilidade para desempenhar

sua função, mas, acima de tudo, a integridade e um elevado nível de ética profissional diante da sua posição de imparcialidade opinativa e conscientizador de princípios no tratamento de dados pessoais que envolvem direitos e garantias fundamentais, como privacidade, intimidade, direitos da personalidade, entre outros[98].

Seção III
Da responsabilidade e do ressarcimento de danos

Art. 42. O controlador ou o operador que, em razão do exercício de atividade de tratamento de dados pessoais, causar a outrem dano patrimonial, moral, individual ou coletivo, em violação à legislação de proteção de dados pessoais, é obrigado a repará-lo.

§ 1º A fim de assegurar a efetiva indenização ao titular dos dados:

I – o operador responde solidariamente pelos danos causados pelo tratamento quando descumprir as obrigações da legislação de proteção de dados ou quando não tiver seguido as instruções lícitas do controlador, hipótese em que o operador equipara-se ao controlador, salvo nos casos de exclusão previstos no art. 43 desta Lei;

II – os controladores que estiverem diretamente envolvidos no tratamento do qual decorreram danos ao titular dos dados respondem solidariamente, salvo nos casos de exclusão previstos no art. 43 desta Lei.

§ 2º O juiz, no processo civil, poderá inverter o ônus da prova a favor do titular dos dados quando, a seu juízo, for verossímil a alegação, houver hipossuficiência para fins de produção de prova ou quando a produção de prova pelo titular resultar-lhe excessivamente onerosa.

---

98 VAINZOF, Rony. Conceito, perfil, papéis e responsabilidades do encarregado (*Data Protection Officer*). In: OPICE BLUM, Renato; VAINZOF, Rony; MORAES, Henrique Fabretti de. *Data Protection Officer (encarregado). Teoria e Prática de acordo com a LGPD e o GDPR*. São Paulo: Thomson Reuters, 2020.

§ 3º As ações de reparação por danos coletivos que tenham por objeto a responsabilização nos termos do *caput* deste artigo podem ser exercidas coletivamente em juízo, observado o disposto na legislação pertinente.

§ 4º Aquele que reparar o dano ao titular tem direito de regresso contra os demais responsáveis, na medida de sua participação no evento danoso.

Comentários

A reparação de danos ao titular de dados será de responsabilidade do controlador ou do operador. O operador será o responsável no caso de não atender as determinações legais ou orientações do controlador, sendo essa uma responsabilização *sui generis* em função de suas peculiaridades. Por sua vez, se houver mais de um controlador envolvido, todos responderão solidariamente.

À semelhança do GDPR, a LGPD trouxe hipóteses para a responsabilização do operador (subcontratante), isso porque o GDPR ampliou, de maneira significativa, o rol de obrigações legais do subcontratante. Isso pois, estas obrigações – no contexto da anterior diretiva europeia de proteção de dados – estavam muito mais vinculadas às obrigações contratuais assumidas com o responsável pelo tratamento.

Essa mudança justifica-se em razão de uma consequência prática: muitos responsáveis pelo tratamento (principalmente empresas da economia digital emergente, como *startups*[99]) se encontram em posição de negociação desfavorável ao celebrar um contrato

---

99 Para um estudo sobre empreendedorismo e *startups*, veja: TEIXEIRA, Tarcisio; LOPES, Alan Moreira (Coords.). *Startups e inovação*: direito do empreendedorismo (*entrepreneurship law*). Barueri, SP: Manole, 2017. p. 1 e s.

com empresas multinacionais que prestam serviços na qualidade de subcontratante (como grandes provedores de infraestrutura e armazenamento de dados em nuvem (*cloud*).

Luis Fernando Prado Chaves discorre sobre as responsabilidades do subcontratante no tratamento de dados:

> Portanto, na realidade de mercado, o empreendedor representante de uma pequena ou média empresa responsável pelo tratamento de dados acaba ficando sujeito a contratos de adesão imutáveis, com cláusulas inegociáveis e irrenunciáveis por parte da multinacional subcontratante. Como resposta a esse contexto fático, o legislador europeu ampliou as obrigações legais diretamente dirigidas aos subcontratantes, estipulando, inclusive, qual deve ser o conteúdo mínimo do contrato entre estes e os responsáveis pelo tratamento.
>
> No mais, havendo pluralidade de subcontratante, todos eles deverão estar sujeitos às delegações e instruções emanadas do responsável pelo tratamento de dados, sendo de suma importância que o responsável tenha um conhecimento (ainda que não necessariamente detalhado) da estrutura organizacional e funcional da operação dos subcontratantes, de forma que lhe seja viável, de fato, controlar como é feito o tratamento de dados[100].

O legislador também indicou a possibilidade de inversão do ônus da prova no processo civil se cumpridos os mesmos requisitos para inversão do ônus da prova do consumidor (art. 6º, VIII, CDC), principalmente porque, em geral, os agentes de tratamento de dados estarão em posse das provas necessárias à instrução do processo.

O direito à reparação de danos por utilização indevida de dados pessoais já era previsto no Código de Defesa do Consumidor (art.

---

100 CHAVES, Luis Fernando Prado. Responsável pelo tratamento, subcontratante e DPO. In: MALDONADO, Viviane Nóbrega; BLUM, Renato Ópice. *Comentários ao GDPR*. São Paulo: Thomson Reuters Brasil, 2018. p. 117-118.

43). Segue decisão de 2009 que trata da responsabilização de um banco pela utilização indevida de dados pessoais por terceiro.

Ementa: UTILIZAÇÃO INDEVIDA DOS DADOS PESSOAIS DO AUTOR POR TERCEIROS. CÓDIGO DE DEFESA DO CONSUMIDOR. RESPONSABILIDADE OBJETIVA. DEFEITO NA PRESTAÇÃO DOS SERVIÇOS. DANO MORAL CONFIGURADO. "QUANTUM" INDENIZATÓRIO. REDUÇÃO. RESTITUIÇÃO EM DOBRO. IMPOSSIBILIDADE. – A INSTITUIÇÃO FINANCEIRA ASSUME OS RISCOS INERENTES À ATIVIDADE QUE EXERCE, AGINDO COM NEGLIGÊNCIA QUANDO NÃO HÁ A DEVIDA CONFERÊNCIA DAS INFORMAÇÕES QUE LHE SÃO FORNECIDAS, A FIM DE LASTREAR MAIOR SEGURANÇA À NEGOCIAÇÃO LEVADA A EFEITO. PARA A REGULAR EFETIVAÇÃO DE EMPRÉSTIMOS POR TELEFONE, É OBRIGAÇÃO DO BANCO, ANTES DE LIBERAR O VALOR, IDENTIFICAR, COM PRUDENTE CERTEZA, A PESSOA COM QUE CONTRATA. – SE A INSTITUIÇÃO FINANCEIRA NÃO PERCORRE TODAS AS CAUTELAS CONDIZENTES AO ZELO E RESGUARDO PARA COM O DIREITO DE SEUS CLIENTES, DE FORMA A COIBIR POSSÍVEL FRAUDE DE TERCEIRO, DEVE RESPONDER PELOS PREJUÍZOS CAUSADOS (TJ-DF, Ap. Cív. APL 0021544-81.2005.807.0007, data de publicação 18-3-2009).

A reparação de danos morais no âmbito da proteção de dados enfrentará os mesmos desafios existentes na fixação de danos morais em qualquer outra esfera. Os parâmetros a serem adotados dependerão de muitas decisões judiciais, mas pode-se levar em consideração alguns aspectos traçados por Marcel Leonardi quando fala do dano moral nos casos de violação da privacidade por meio da internet:

(...) em linhas gerais, para a delimitação da extensão do dano, é útil a análise dos seguintes fatores: a) Registros de acesso e de volume de tráfego de dados do Web site (que podem ser disponibilizados pelos provedores de hospedagem); b) exame da popularidade do Web site (ou seja, se este atrai um grande número de visitantes diariamente ou se é restrito a poucos usuários ou a determinado grupo de pessoas); c) o exame da forma pela qual o Web site explora a divulgação de informações (comercialmente, cobrando pelo acesso ao conteúdo exclusivo ou recebendo quantias de anunciantes em suas páginas, ou se não é simples diário eletrônico de interesse de um grupo restrito de colegas e conhecidos); d) o período de tempo em que as informações ofensivas permaneceram disponíveis na Rede (sendo o dano, na maior parte dos casos, proporcional ao tempo de duração da divulgação do conteúdo lesivo). Em razão da possibilidade de acesso irrestrito ao Web site, a prova relativa a esses fatores será de interesse do autor do ilícito, a quem compete demonstrar que o dano causado à vítima não atingiu as proporções por ela alegadas[101].

A inclusão da possibilidade de exercer coletivamente os direitos previstos no *caput* do artigo confere ao titular de dados um poder maior, em relação a uma tutela individual, para frear abusos cometidos pelos agentes de tratamento. É de se destacar, novamente, a relevância da tutela coletiva para forçar mudanças, uma vez que somente com reiteradas decisões individuais conseguir-se-ia a diminuição e/ou erradicação de práticas abusivas pelos provedores de serviço. Uma efetiva mudança em toda configuração dos serviços só será possível através de mecanismos de tutela coletiva visando os interesses das vítimas[102].

Art. 43. Os agentes de tratamento só não serão responsabilizados quando provarem:

---

101 LEONARDI, Marcel. *Tutela e privacidade na internet*. São Paulo: Saraiva, 2011. p. 226-227.

102 LEONARDI, Marcel. *Tutela e privacidade na internet*. São Paulo: Saraiva, 2011. p. 245.

I – que não realizaram o tratamento de dados pessoais que lhes é atribuído;

II – que, embora tenham realizado o tratamento de dados pessoais que lhes é atribuído, não houve violação à legislação de proteção de dados; ou

III – que o dano é decorrente de culpa exclusiva do titular dos dados ou de terceiro.

Comentários

As excludentes de responsabilidade do agente de tratamento exigem a sua comprovação, o que poderá ser feito mediante a apresentação de evidências, as quais o agente de tratamento é obrigado a manter quando cuida de dados pessoais, em virtude do princípio da responsabilização e prestação de contas, o *accountability*.

Caso o agente não tenha sequer tratado os dados pessoais, cujo tratamento lhe é atribuído, não caberá sua responsabilização ante a ausência da conduta ilícita perpetrada pelo agente. No mais, ausente qualquer ilicitude, mesmo que o agente tenha tratado os dados pessoais, não caberá a sua responsabilização.

A culpa exclusiva do titular de dados ou mesmo de terceiros é hipótese extremamente difícil de ser comprovada, assemelhando ao que prevê o inciso III, § 3º, do art. 12 e o inciso II, § 2º, do art. 14, ambos do CDC, que excluem a responsabilidade do fornecedor se ficar provado que o acidente de consumo se deu em razão da culpa exclusiva da vítima ou por ação exclusiva de terceiro; portanto, não haveria nexo de causalidade entre o dano sofrido pelo consumidor e a atividade do fornecedor do produto ou serviço.

No caso da LGPD, o titular de dados que der causa ao incidente de forma exclusiva ou mesmo se ficar comprovado que um terceiro, que não tenha qualquer relação com o agente de tratamento, foi o causador o agente de tratamento não será responsabilizado.

Importante mencionar que para que essa hipótese seja levada em consideração será necessário provar que o agente tomou todas as medidas de segurança possíveis, que cumpriu todas as determinações da lei e que não teve qualquer relação com o incidente, o que será deveras dificultoso.

Art. 44. O tratamento de dados pessoais será irregular quando deixar de observar a legislação ou quando não fornecer a segurança que o titular dele pode esperar, consideradas as circunstâncias relevantes, entre as quais:

I – o modo pelo qual é realizado;

II – o resultado e os riscos que razoavelmente dele se esperam;

III – as técnicas de tratamento de dados pessoais disponíveis à época em que foi realizado.

Parágrafo único. Responde pelos danos decorrentes da violação da segurança dos dados o controlador ou o operador que, ao deixar de adotar as medidas de segurança previstas no art. 46 desta Lei, der causa ao dano.

Comentários

Muito se discute sobre vazamento de dados; porém é de se ressaltar que o agente será responsabilizado não só pelo vazamento, mas por outras irregularidades no tratamento de dados, como a sua utilização para uma finalidade distinta da concedida pelo titular.

Um exemplo de irregularidade quanto à segurança pode estar na coleta de dados por site que não possua certificado digital, ou seja, sem aquele símbolo do "cadeado" no canto superior esquerdo da tela, antes do nome de domínio (do *site*). Nesse caso já há uma violação da LGPD, haja vista que não há a segurança necessária para a coleta.

Para a apuração da existência de uma irregularidade no tratamento de dados muitos fatores deverão ser considerados a depender do caso concreto. A venda de um banco de dados, por exemplo, pode parecer irregular à primeira vista, entretanto poderá ser perfeitamente legal se atendidos todos os requisitos legais e se houver a segurança adequada em seu tratamento.

Antes de qualquer coisa, o agente de tratamento deve mapear o risco que o tratamento de dados pode resultar pelo chamado *Data Mapping* (ou mapeamento de dados) para assim poder identificar a cadeia de dados e – de maneira rápida – identificar onde ocorreu a irregularidade.

Art. 45. As hipóteses de violação do direito do titular no âmbito das relações de consumo permanecem sujeitas às regras de responsabilidade previstas na legislação pertinente.

Comentários

Além da proteção concedida pela LGPD ao titular de dados pessoais, quando ele for consumidor, aplicar-se-á as normas consumeristas de responsabilização do agente enquanto fornecedor[103].

A responsabilidade do fornecedor quanto ao tratamento de dados do consumidor encontra amparo tanto na LGPD quanto na legislação consumerista. Logo, a responsabilização do fornecedor será objetiva (independentemente de culpa), sendo que a violação de dados pessoais do consumidor poderá lhe implicar o pagamen-

---

103 Para um estudo mais aprofundado sobre o tema veja: LIMA, Cíntia Rosa Pereira de (Coord.). *Comentários à Lei Geral de Proteção de Dados*: Lei n. 13.709/2018, com alterações da Lei n.13.853/2019. São Paulo: Almedina, 2020. p. 297-326.

to indenizatório de danos patrimoniais e/ou morais, à luz do Código de Defesa do Consumidor (CDC), sobretudo pelo disposto em seu art. 14.

Ainda, o consumidor que tiver sofrido com alguma prática abusiva relativa a seus dados pessoais poderá se socorrer do previsto nos arts. 56 e 57 do CDC, que determina a atuação dos órgãos estatais de defesa do consumidor para a fiscalização e aplicação de sanções administrativas adequadas.

Também fica o consumidor amparado pelo previsto nos arts. 72 e 73 quando tomar conhecimento de que suas informações pessoais estão incorretas e lhe for negado acesso a elas. Menciona-se, por oportuno, a Lei do Cadastro Positivo como exemplo de imposição feita pelo Código Consumerista quando prevê a exclusão de informações incorretas e o cancelamento dos cadastros de consumidores que não autorizaram a sua abertura (art. 17, § 2º)[104].

Contudo, frise-se que a maioria das relações jurídicas em sede de tratamento de dados será uma relação de consumo, logo suscetível de aplicação do CDC. Da mesma forma, quando o tratamento de dados estiver relacionado a dados de colaboradores/funcionários, estar-se-á diante de uma relação trabalhista, portanto sujeita também às leis do trabalho.

Em 22 de março de 2021, a Autoridade Nacional de Proteção de Dados e a Secretaria Nacional do Consumidor (Senacon) assinaram um acordo de cooperação técnica, sendo que um dos objetivos é dar maior agilidade nas investigações de incidentes de

---

104 Nesse sentido, MENDES, Laura Schertel. *Privacidade, proteção de dados e defesa do consumidor*: linhas gerais de um novo direito fundamental. São Paulo: Saraiva, 2014. p. 221.

segurança. Segundo o Acordo, a Senacon passará a compartilhar informações coletadas sobre as reclamações de consumidores relacionadas à proteção de dados pessoais e formalizou um Núcleo, dentro do Conselho Nacional de Defesa do Consumidor, para tratar dessa convergência com a Autoridade. A ANPD, por sua vez, fixará as interpretações necessárias à aplicação da LGPD nos casos concretos[105].

Capítulo VII
DA SEGURANÇA E DAS BOAS PRÁTICAS

Seção I
Da segurança e do sigilo de dados

Art. 46. Os agentes de tratamento devem adotar medidas de segurança, técnicas e administrativas aptas a proteger os dados pessoais de acessos não autorizados e de situações acidentais ou ilícitas de destruição, perda, alteração, comunicação ou qualquer forma de tratamento inadequado ou ilícito.

§ 1º A autoridade nacional poderá dispor sobre padrões técnicos mínimos para tornar aplicável o disposto no *caput* deste artigo, considerados a natureza das informações tratadas, as características específicas do tratamento e o estado atual da tecnologia, especialmente no caso de dados pessoais sensíveis, assim como os princípios previstos no *caput* do art. 6º desta Lei.

§ 2º As medidas de que trata o *caput* deste artigo deverão ser observadas desde a fase de concepção do produto ou do serviço até a sua execução.

---

105 Notícia disponível em: https://www.gov.br/anpd/pt-br/assuntos/noticias/anpd-e-senacon-assinam-acordo-de-cooperacao-tecnica. Acesso em: 10 mar. 2022.

Comentários

A disseminação da cultura de segurança de informação será tão valiosa e indispensável como outras práticas corriqueiras de uma empresa, já que qualquer pessoa, funcionário ou terceiro que trate dados poderá cometer irregularidades, sujeitando-se ou sujeitando a empresa que trabalha ou presta serviços a ser responsabilizada pelo descumprimento da lei[106].

É de se considerar que o investimento em segurança da informação deve ser proporcional à quantidade de dados tratados pela empresa, não necessariamente em relação ao seu tamanho (patrimônio, faturamento, rede de estabelecimentos etc.). Ilustrativamente, há pequenas empresas e/ou *startups* cuja atividade principal trata grande volume de dados.

As boas práticas deverão fazer parte da rotina dos empregados, dos prestadores de serviço e quaisquer outras pessoas que tratem dados a fim de evitar o acesso não autorizado de dados, situações acidentais ou ilícitos de destruição. Percebe-se que a lei não exclui a responsabilidade do agente nesses casos, pelo contrário, o coloca como ator na prevenção de tais incidentes, sendo sua obrigação adotar as medidas previstas no *caput*[107].

Observe-se que o legislador fala em medidas de segurança desde a concepção do produto ou do serviço, os chamados *privacy by design* (privacidade desde a concepção) e o *privacy by default* (privacidade por padrão), os quais já existem há muito tempo, mas

---

106 Acerca da temática envolvendo a segurança e informática, veja: TEIXEIRA, Tarcisio. Democracia, relações negociais e segurança da urna eletrônica. In: *Estudos em direito negocial e democracia*. Birigui, SP: Boreal, 2016. p. 200 e s.

107 Sobre boas práticas em matéria de tecnologia da informação: TEIXEIRA, Tarcisio. *Direito digital e processo eletrônico*. 5. ed. São Paulo: Saraiva, 2018. p. 124-126 e 140-147.

que são trazidos pela lei para direcionar o agente de tratamento quando for criar um produto ou oferecer o serviço.

Detalhando, o termo *privacy by design* refere-se à metodologia que visa proteger a privacidade do usuário desde a concepção de quaisquer sistemas de tecnologia da informação ou de práticas de negócio que sejam concernentes ao ser humano. Assim, a proteção de privacidade seria o ponto de partida para o desenvolvimento de qualquer projeto, sendo incorporada à própria arquitetura técnica dos produtos ou serviços.

Nesse sentido, discorre Camilla do Vale Jimene:

> Em decorrência da aplicação do *privacy by design,* surgiu também o termo *privacy by default,* que se refere à metodologia que adota por padrão a configuração e privacidade mais restritiva possível na fase de coleta de dados pessoais por qualquer sistema de tecnologia da informação, a fim de garantir a proteção dos dados pessoais de forma automática, ainda eu nenhuma interação com a máquina tenha sido feita pelo usuário nesse sentido. É a configuração do sistema nesse mais alto padrão protetivo[108].

O § 2º se ocupa em garantir que as medidas sejam aplicadas desde a sua concepção até a sua execução, garantindo-se a plenitude de segurança durante o tratamento de dados.

Segundo a Resolução CD/ANPD n. 2, de 27 de janeiro de 2022, o agente de tratamento de pequeno porte poderá apresentar uma Política da Segurança da Informação simplificada, entretanto não estará dispensado do cumprimento das medidas de segurança previstas na LGPD.

---

108 JIMENE, Camilla do Vale. Reflexões sobre *privacy by design* e *privacy by default*: da idealização à positivação. In: MALDONADO, Viviane Nóbrega; BLUM, Renato Ópice. *Comentários ao GDPR*. São Paulo: Thomson Reuters Brasil, 2018. p. 174.

Art. 47. Os agentes de tratamento ou qualquer outra pessoa que intervenha em uma das fases do tratamento obriga-se a garantir a segurança da informação prevista nesta Lei em relação aos dados pessoais, mesmo após o seu término.

Comentários

A segurança da informação está intimamente ligada à proteção de dados pessoais, na medida em que garantir que os dados pessoais do usuário não sejam destruídos, alterados, divulgados ou indevidamente acessados, em um mundo aberto como a internet, demanda uma razoável organização e medidas técnicas suficientes para o atendimento dessa finalidade[109].

O dado, desde a sua coleta, poderá percorrer diversas fases de tratamento, sendo que de acordo com o Princípio da Segurança, em qualquer delas, tanto o agente de tratamento como qualquer pessoa que possa vir a intervir numa dessas fases estão obrigados a garantir a segurança em relação aos dados pessoais, mesmo após o término do seu tratamento.

A segurança da informação é tema de extrema relevância e passou a ser de interesse da população em geral quando Edward Snowden, ex-analista de sistemas da CIA e da NSA, escancarou como eram os programas de vigilância da NSA e como empresas privadas tipo Google e Apple, além de entidades governamentais, estavam envolvidas, gerando um clima de desconfiança geral. Dian-

---

109 Nesse sentido, MENDES, Laura Schertel. A tutela da privacidade do consumidor na internet: uma análise à luz do Marco Civil da Internet e do Código de Defesa do Consumidor. In: DE LUCCA, Newton; SIMÃO FILHO, Adalberto; LIMA, Cíntia Rosa Pereira de (Coords.). *Direito & Internet III* – Tomo I: Marco Civil da Internet (Lei n. 12.965/2014). São Paulo: Quartier Latin, 2015. p. 488.

te desse fator, as empresas, preocupadas com o descrédito perante seus clientes, começaram a investir fortemente em segurança da informação como medida de *marketing* para, assim, demonstrarem que nem mesmo elas poderiam violar os dados que possuíam de seus clientes[110].

Assim, por uma questão mercadológica, muitas empresas globais já adotaram tecnologias de segurança para as informações coletadas de seus usuários, sendo que com a vigência da LGPD deverão providenciar para que essa segurança seja capaz de proteger os dados de qualquer pessoa, mesmo após o término de seu tratamento.

Caso ocorra algum incidente, será avaliada eventual comprovação de que foram adotadas medidas técnicas adequadas que tornem os dados pessoais afetados ininteligíveis, no âmbito e nos limites técnicos de seus serviços, para terceiro não autorizado acessá-los.

Sem prejuízo da aplicação de outras normas, é de se rememorar que o Decreto n. 8.771/2016, que regulamentou o Marco Civil da Internet, trouxe em seu art. 13 quais diretrizes sobre padrões de segurança os provedores de conexão e de aplicações devem adotar na guarda, armazenamento e tratamento de dados pessoais. Ou seja, antes mesmo da existência de uma lei de proteção de dados já existia a obrigação de agentes de tratamento de dados, como os provedores, atentarem com a segurança da informação[111].

---

110 SANTOS, Coriolano Aurélio de Almeida Camargo; CRESPO, Marcelo. *Segurança pública e dados pessoais: algumas palavras sobre os casos FBI x Apple e Justiça x Facebook.* Disponível em: https://www.migalhas.com.br/DireitoDigital/105,MI235602,91041-Se guranca+publica+e+dados+pessoais+algumas+palavras+sobre+os+casos. Acesso em: 15 jun. 2019.

111 Decreto n. 8.771/2016. "Art. 13. Os provedores de conexão e de aplicações devem, na guarda, armazenamento e tratamento de dados pessoais e comunicações privadas,

Não é demais lembrar que, quando se fala em segurança da informação, deve-se também considerar o treinamento de funcionários, colaboradores e demais pessoas envolvidas no tratamento de dados pessoais, para que sejam conscientizados da importância de se manter os dados pessoais seguros e de se adotar as boas práticas estipuladas pelo controlador.

Art. 48. O controlador deverá comunicar à autoridade nacional e ao titular a ocorrência de incidente de segurança que possa acarretar risco ou dano relevante aos titulares.

§ 1º A comunicação será feita em prazo razoável, conforme definido pela autoridade nacional, e deverá mencionar, no mínimo:

I – a descrição da natureza dos dados pessoais afetados;

---

observar as seguintes diretrizes sobre padrões de segurança: I – o estabelecimento de controle estrito sobre o acesso aos dados mediante a definição de responsabilidades das pessoas que terão possibilidade de acesso e de privilégios de acesso exclusivo para determinados usuários; II – a previsão de mecanismos de autenticação de acesso aos registros, usando, por exemplo, sistemas de autenticação dupla para assegurar a individualização do responsável pelo tratamento dos registros; III – a criação de inventário detalhado dos acessos aos registros de conexão e de acesso a aplicações, contendo o momento, a duração, a identidade do funcionário ou do responsável pelo acesso designado pela empresa e o arquivo acessado, inclusive para cumprimento do disposto no art. 11, § 3ª, da Lei n. 12.965, de 2014; e IV – o uso de soluções de gestão dos registros por meio de técnicas que garantam a inviolabilidade dos dados, como encriptação ou medidas de proteção equivalentes. § 1ª Cabe ao CGIBR promover estudos e recomendar procedimentos, normas e padrões técnicos e operacionais para o disposto nesse artigo, de acordo com as especificidades e o porte dos provedores de conexão e de aplicação. § 2ª Tendo em vista o disposto nos incisos VII a X do *caput* do art. 7ª da Lei n. 12.965, de 2014, os provedores de conexão e aplicações devem reter a menor quantidade possível de dados pessoais, comunicações privadas e registros de conexão e acesso a aplicações, os quais deverão ser excluídos: I – tão logo atingida a finalidade de seu uso; ou II – se encerrado o prazo determinado por obrigação legal".

II – as informações sobre os titulares envolvidos;

III – a indicação das medidas técnicas e de segurança utilizadas para a proteção dos dados, observados os segredos comercial e industrial;

IV – os riscos relacionados ao incidente;

V – os motivos da demora, no caso de a comunicação não ter sido imediata; e

VI – as medidas que foram ou que serão adotadas para reverter ou mitigar os efeitos do prejuízo.

§ 2º A autoridade nacional verificará a gravidade do incidente e poderá, caso necessário para a salvaguarda dos direitos dos titulares, determinar ao controlador a adoção de providências, tais como:

I – ampla divulgação do fato em meios de comunicação; e

II – medidas para reverter ou mitigar os efeitos do incidente.

§ 3º No juízo de gravidade do incidente, será avaliada eventual comprovação de que foram adotadas medidas técnicas adequadas que tornem os dados pessoais afetados ininteligíveis, no âmbito e nos limites técnicos de seus serviços, para terceiros não autorizados a acessá-los.

Comentários

A comunicação do incidente de segurança é medida indispensável para que a autoridade nacional possa agir de forma célere, de modo a analisar a gravidade como recomendar as medidas que entender cabíveis, dentre elas a determinação para o controlador divulgar amplamente o fato nos meios de comunicação (o que pode abalar, de alguma forma, a reputação dele perante seus clientes).

A lei não estabelece um prazo fixo, mencionando apenas que ele seja razoável e que será definido pela autoridade nacional. A autoridade recomenda, após a ciência do evento adverso e havendo risco relevante, que ela seja comunicada com a maior brevidade possível, sendo tal considerado a título indicativo o prazo de dois dias úteis, contados da data do conhecimento do incidente[112].

De qualquer forma, é de se considerar que, quanto antes for divulgado o incidente, por mais que possa macular a reputação do controlador, maior confiança gerará aos seus consumidores e investidores, o que deverá ser feito quando o incidente de segurança possa acarretar risco ou dano relevante aos titulares.

Ressalte-se que o artigo prevê que a comunicação seja feita em caso de incidente de segurança que possa acarretar risco ou dano relevante ao titular de dados, sendo que a autoridade analisará a pertinência de se divulgar amplamente o fato em meios de comunicação. O que poderá ser alvo de questionamentos futuros é se o incidente efetivamente poderia ou não causar dano relevante ao titular de dados e essa discricionariedade deverá ser feita pelo controlador ao decidir se comunicará ou não a autoridade nacional e o titular de dados.

Pelo texto do art. 48, é possível constatar a importância do encarregado, que será o responsável pela comunicação com a autoridade nacional, sem, no entanto, responder pelo incidente, a menos que ele tenha sido o seu causador. Percebe-se que a lei não menciona o dever do operador em efetuar a comunicação, sendo omissa nesse aspecto.

Art. 49. Os sistemas utilizados para o tratamento de dados pessoais devem ser estruturados de forma a atender aos requisitos de segurança, aos padrões de boas práticas e de governança e aos princípios gerais previstos nesta Lei e às demais normas regulamentares.

---

112 Informação disponível em: https://www.gov.br/anpd/pt-br/assuntos/incidente-de-seguranca. Acesso em: 10 mar. 2022.

Comentários

Como dito anteriormente, o *privacy by design* (privacidade desde a concepção) e o *privacy by default* (privacidade por padrão) serão indispensáveis aos sistemas de tratamento de dados, já que os mesmos deverão ser estruturados visando proporcionar a segurança adequada desde a sua estruturação, chamada de *security by design* (em português, segurança a começar do desenho; ou melhor: ponderar sobre a segurança desde o planejamento do projeto).

Renata Weingrill Lancelotti pondera que a governança da internet tem sido discutida mundialmente há alguns anos, especialmente pelo IGF – *Internet Governance Fórum* (Fórum de Governança da Internet, iniciado em 2006), no qual o Brasil tem acompanhado de forma ativa todas as dificuldades decorrentes do alinhamento de todas as leis globais de rede. Superadas algumas dificuldades, o respectivo fórum aprovou a *soft law* (em português, lei branda ou quase direito; ou melhor, uma forma regulatória não vinculante/obrigatória, mas com recomendações) contendo princípios, valores e melhores práticas de governança da internet[113].

Semelhantemente ao que ocorreu com os padrões para o uso da internet, que vem seguindo a *soft law* descrita acima, também o tratamento de dados deverá atender a melhores práticas de governança, além de atender aos requisitos de segurança.

Nesse sentido, os agentes de tratamento deverão ter especial atenção quanto à escolha do sistema que utilizarão para coletar, armazenar ou tratar dados pessoais de qualquer outra forma, di-

---

113 LANCELOTTI, Renata Weingrill. Governança da internet, Marco Civil e mercado de capitais. In: DE LUCCA, Newton; SIMÃO FILHO, Adalberto; LIMA, Cíntia Rosa Pereira de (Coords.). *Direito & Internet III* – Tomo II: Marco Civil da Internet (Lei n. 12.965/2014). São Paulo: Quartier Latin, 2015. p. 65.

ligenciando no sentido de se assegurar que ele atenda aos requisitos da lei.

Contudo, os dados pessoais percorrem um fluxo por diversos canais e sistemas sendo de vital importância que eles se comuniquem entre si, seguindo determinado padrão que possibilite a interoperabilidade dos dados, atendendo-se aos princípios gerais desta lei, visando a proteção do titular de dados e a segurança sistêmica.

Seção II
Das boas práticas e da governança

Art. 50. Os controladores e operadores, no âmbito de suas competências, pelo tratamento de dados pessoais, individualmente ou por meio de associações, poderão formular regras de boas práticas e de governança que estabeleçam as condições de organização, o regime de funcionamento, os procedimentos, incluindo reclamações e petições de titulares, as normas de segurança, os padrões técnicos, as obrigações específicas para os diversos envolvidos no tratamento, as ações educativas, os mecanismos internos de supervisão e de mitigação de riscos e outros aspectos relacionados ao tratamento de dados pessoais.

§ 1º Ao estabelecer regras de boas práticas, o controlador e o operador levarão em consideração, em relação ao tratamento e aos dados, a natureza, o escopo, a finalidade e a probabilidade e a gravidade dos riscos e dos benefícios decorrentes de tratamento de dados do titular.

§ 2º Na aplicação dos princípios indicados nos incisos VII e VIII do *caput* do art. 6º desta Lei, o controlador, observados a estrutura, a escala e o volume de suas operações, bem como a sensibilidade dos dados tratados e a probabilidade e a gravidade dos danos para os titulares dos dados, poderá:

I – implementar programa de governança em privacidade que, no mínimo:

a) demonstre o comprometimento do controlador em adotar processos e políticas internas que assegurem o cumprimento, de forma abrangente, de normas e boas práticas relativas à proteção de dados pessoais;

b) seja aplicável a todo o conjunto de dados pessoais que estejam sob seu controle, independentemente do modo como se realizou sua coleta;

c) seja adaptado à estrutura, à escala e ao volume de suas operações, bem como à sensibilidade dos dados tratados;

d) estabeleça políticas e salvaguardas adequadas com base em processo de avaliação sistemática de impactos e riscos à privacidade;

e) tenha o objetivo de estabelecer relação de confiança com o titular, por meio de atuação transparente e que assegure mecanismos de participação do titular;

f) esteja integrado a sua estrutura geral de governança e estabeleça e aplique mecanismos de supervisão internos e externos;

g) conte com planos de resposta a incidentes e remediação; e

h) seja atualizado constantemente com base em informações obtidas a partir de monitoramento contínuo e avaliações periódicas;

II – demonstrar a efetividade de seu programa de governança em privacidade quando apropriado e, em especial, a pedido da autoridade nacional ou de outra entidade responsável por promover o cumprimento de boas práticas ou códigos de conduta, os quais, de forma independente, promovam o cumprimento desta Lei.

§ 3º As regras de boas práticas e de governança deverão ser publicadas e atualizadas periodicamente e poderão ser reconhecidas e divulgadas pela autoridade nacional.

Comentários

A legislação sobre proteção de dados visa não somente proteger o titular de dados, mas conscientizar seus agentes de tratamento, controlador e operador, que o tratamento de dados pessoais envolve direitos fundamentais do cidadão.

As boas práticas visam facilitar a aplicação da lei, sendo que podem ser instituídas tanto individualmente, quanto através de associações, o que poderá gerar bons resultados se uniformizadas.

Inclusive, desde a promulgação da lei diversas associações vêm editando cartilhas explicativas para o seu ramo de atividade, como foi o caso da Associação Brasileira de Agentes Digitais (Abradi). Também a Agência Nacional de Saúde Suplementar (ANS) e a Prefeitura Municipal da Cidade de São Paulo elaboraram material com conceitos da Lei e a sua aplicabilidade em seus setores específicos.

As regras de boas práticas e de governança podem auxiliar em muito a aplicabilidade da lei, já que há uma diversidade de setores impactados pela lei. Como exemplo de boas práticas os agentes poderão adotar política de privacidade interna, instituir canais de denúncia para a proteção de dados, promover ações educativas e treinamentos, criar manuais e planos para o caso de vazamento de dados, de forma a engajar todas as pessoas e setores de uma empresa para a política de proteção aos dados pessoais.

Será substancialmente vital aos agentes de tratamento que adaptem seus processos internos de tratamento de dados, adaptem suas políticas internas e externas de privacidade, bem como constantemente revisem o seu programa de governança[114] para que estejam adequados e em conformidade com a lei.

O art. 50, sob comento, detalha de que forma poderão ser estabelecidas as regras de boa prática e de governança visando a adequação de rotinas e procedimentos envolvendo o tratamento

---

114 No que diz respeito à governança sob os aspectos societário e anticorrupção, respectivamente: TEIXEIRA, Tarcisio. *Direito empresarial sistematizado*: doutrina, jurisprudência e prática. 8. ed. São Paulo: Saraiva, 2019. p. 195-198 e 579-586.

de dados, objetivando-se assim a promoção do cumprimento da lei, que poderão inclusive ser reconhecidas e divulgadas pela autoridade nacional.

Art. 51. A autoridade nacional estimulará a adoção de padrões técnicos que facilitem o controle pelos titulares dos seus dados pessoais.

Comentários

O "empoderamento" do titular de dados é escopo precípuo da lei, o que pode ser constatado expressamente em alguns artigos como o ora comentado, em que o próprio titular através de medidas técnicas possa controlar seus dados pessoais. Para que isso aconteça será necessária a adoção de padrões técnicos, o que deverá ser estimulado pela autoridade nacional.

Podemos citar como exemplo de padrão técnico que facilita o controle pelos titulares de seus dados o *privacy dashboard*, em que ele mesmo controla a quais de seus dados o controlador tem acesso, podendo atualizá-los, corrigi-los e até mesmo revogar o consentimento dado.

Não é de se impressionar que empresas que possuam uma visão preditória (antecipada, do que está por vir) possam ganhar credibilidade perante seus consumidores ao tornar possível esse controle dos titulares.

Os dados pessoais, em detida análise, vêm movimentando a economia global, o que significa que as ações que envolvem seu tratamento chamam cada vez mais a atenção da mídia e dos usuários em geral.

Justamente por causa disso, aqueles que se atentarem para o valor econômico da publicidade envolvendo medidas de proteção aos dados pessoais poderão ganhar notoriedade e prestígio cumprindo a lei; ou até mesmo se antecipando ao seu *enforcement* (imposição).

Capítulo VIII
DA FISCALIZAÇÃO

Seção I
Das sanções administrativas

Art. 52. Os agentes de tratamento de dados, em razão das infrações cometidas às normas previstas nesta Lei, ficam sujeitos às seguintes sanções administrativas aplicáveis pela autoridade nacional:

I – advertência, com indicação de prazo para adoção de medidas corretivas;

II – multa simples, de até 2% (dois por cento) do faturamento da pessoa jurídica de direito privado, grupo ou conglomerado no Brasil no seu último exercício, excluídos os tributos, limitada, no total, a R$ 50.000.000,00 (cinquenta milhões de reais) por infração;

III – multa diária, observado o limite total a que se refere o inciso II;

IV – publicização da infração após devidamente apurada e confirmada a sua ocorrência;

V – bloqueio dos dados pessoais a que se refere a infração até a sua regularização;

VI – eliminação dos dados pessoais a que se refere a infração;

VII – (VETADO);

VIII – (VETADO);

IX – (VETADO);

X – suspensão parcial do funcionamento do banco de dados a que se refere a infração pelo período máximo de 6 (seis) meses, prorrogável por igual período, até a regularização da atividade de tratamento pelo controlador; (Incluído pela Lei n. 13.853, de 2019)

XI – suspensão do exercício da atividade de tratamento dos dados pessoais a que se refere a infração pelo período máximo de 6 (seis) meses, prorrogável por igual período; (Incluído pela Lei n. 13.853, de 2019)

XII – proibição parcial ou total do exercício de atividades relacionadas a tratamento de dados. (Incluído pela Lei n. 13.853, de 2019)

§ 1º As sanções serão aplicadas após procedimento administrativo que possibilite a oportunidade da ampla defesa, de forma gradativa, isolada ou cumulativa, de acordo com as peculiaridades do caso concreto e considerados os seguintes parâmetros e critérios:

I – a gravidade e a natureza das infrações e dos direitos pessoais afetados;

II – a boa-fé do infrator;

III – a vantagem auferida ou pretendida pelo infrator;

IV – a condição econômica do infrator;

V – a reincidência;

VI – o grau do dano;

VII – a cooperação do infrator;

VIII – a adoção reiterada e demonstrada de mecanismos e procedimentos internos capazes de minimizar o dano, voltados ao tratamento seguro e adequado de dados, em consonância com o disposto no inciso II do § 2º do art. 48 desta Lei;

IX – a adoção de política de boas práticas e governança;

X – a pronta adoção de medidas corretivas; e

XI – a proporcionalidade entre a gravidade da falta e a intensidade da sanção.

§ 2º O disposto neste artigo não substitui a aplicação de sanções administrativas, civis ou penais definidas na Lei n. 8.078, de 11 de setembro de 1990, e em legislação específica.

§ 3º (VETADO).

§ 4º No cálculo do valor da multa de que trata o inciso II do *caput* deste artigo, a autoridade nacional poderá considerar o faturamento total da empresa ou grupo de empresas, quando não dispuser do valor do faturamento no ramo de atividade empresarial em que ocorreu a infração, definido pela autoridade nacional, ou quando o valor for apresentado de forma incompleta ou não for demonstrado de forma inequívoca e idônea.

§ 5º O produto da arrecadação das multas aplicadas pela ANPD, inscritas ou não em dívida ativa, será destinado ao Fundo de Defesa de Direitos Difusos de que tratam o art. 13 da Lei n. 7.347, de 24 de julho de 1985, e a Lei n. 9.008, de 21 de março de 1995.

§ 6º As sanções previstas nos incisos X, XI e XII do *caput* deste artigo serão aplicadas: (Incluído pela Lei n. 13.853, de 2019)

I – somente após já ter sido imposta ao menos 1 (uma) das sanções de que tratam os incisos II, III, IV, V e VI do *caput* deste artigo para o mesmo caso concreto; e (Incluído pela Lei n. 13.853, de 2019)

II – em caso de controladores submetidos a outros órgãos e entidades com competências sancionatórias, ouvidos esses órgãos. (Incluído pela Lei n. 13.853, de 2019)

§ 7º Os vazamentos individuais ou os acessos não autorizados de que trata o *caput* do art. 46 desta Lei poderão ser objeto de conciliação direta entre controlador e titular e, caso não haja acordo, o controlador estará sujeito à aplicação das penalidades de que trata este artigo.

Comentários

Como reforçado pelo § 2º, as penas esculpidas neste art. 52 são de caráter administrativo, não impedindo a aplicação de sanções de caráter civil e penal, bem como de outras também de conteúdo administrativista.

Criou-se certo alarde a respeito da lei devido à multa que poderá ser aplicada em caso de seu descumprimento, o que de fato pode ser considerável, pois seu valor máximo poderá ser aplicado por infração. Dito de outra forma, se em um mesmo incidente o agente de tratamento cometer duas ou mais infrações poderá sofrer a multa por cada uma delas.

Também poderá ser imposto ao controlador o bloqueio ou até mesmo a eliminação do banco de dados do infrator dos dados pessoais relativos à infração, o que a depender do tipo de atividade da empresa poderá levá-la ao encerramento de suas atividades.

É preciso destacar que a autoridade nacional analisará o caso concreto e tomará as medidas conforme o tipo de vazamento e levará em conta quais medidas foram tomadas para reverter ou mitigar os efeitos dos incidentes, o que remete à importância da elaboração do relatório de impacto de proteção de dados pessoais previsto no art. 38, podendo facilitar a adoção de medidas em menor tempo possível, contando inclusive para a minimização da pena.

Outros aspectos serão considerados e todos eles serão levados em conta para a fixação da pena, logicamente após procedimento administrativo.

Frise-se que o legislador, ao se inspirar no art. 83 do GDPR, pretende não apenas punir o infrator, mas também evitar que os danos decorrentes do incidente possam se agravar. Isso pois, sendo o titular de dados o maior prejudicado, mesmo obtendo reparação pecuniária, a situação não voltará a situação anterior (*status quo ante*).

As boas práticas e governança previstas também integram os critérios para dosimetria da pena tendo um capítulo inteiro dedicado a elas, portanto imprescindível sua adoção. Inclusive, a autoridade nacional já vem indicando através de guias e informativos disponíveis em seu sítio eletrônico[115] quais as boas práticas que podem ser adotadas, como é o caso da nomeação do encarregado de dados pelos agentes de tratamento de pequeno porte beneficia-

---

115 Disponível em: https://www.gov.br/anpd/pt-br. Acesso em: 11 mar. 2022.

dos pela Resolução CD/ANPD n. 2, de 27 de janeiro de 2022 (*vide* comentários do art. 42).

Os órgãos públicos, como já dito anteriormente, não estarão sujeitos às multas estipuladas nesse artigo, entretanto sujeitar-se--ão às demais penalidades, sem prejuízo das demais leis pertinentes (servidor público, acesso à informação e improbidade administrativa).

Insta destacar que foram promulgados pela Lei n. 13.859/2018 os incisos X, XI e XII que haviam sido vetados pela Medida Provisória n. 869/2018, de maneira que também a suspensão do banco de dados, das atividades de tratamento ou até mesmo o bloqueio parcial ou total das atividades estão no rol das sanções que poderão ser aplicadas em caso de descumprimento da lei. As sanções incluídas possuem um caráter punitivo considerável, haja vista que certas atividades dependem quase que exclusivamente da utilização de banco de dados ou incrementam as suas atividades a partir de um. A suspensão do banco ou da atividade, mesmo que parcial, pode trazer sérios prejuízos para a empresa e o bloqueio pode até mesmo pôr fim à sua atividade.

Bom mencionar que essas hipóteses (X, XII e XII) só poderão ser aplicadas caso alguma das outras já tenha sido aplicada para o mesmo caso concreto e, caso o controlador esteja submetido a outro órgão ou entidade, ela deverá ser ouvida previamente.

O § 7º incentiva a conciliação direta entre controlador e titular em casos de vazamentos individuais e acessos não autorizados, o que poderá ser operacionalizado por meio de canais de comunicação disponibilizados ao titular especificamente para tratar da proteção de dados.

Contudo, a LGPD não disciplina com tipo penal a proteção de dados; o que não impede, por exemplo, que se punam condutas envolvendo dados pessoais tipificadas como crimes a partir de outras normas de cunho penal[116].

Destaque-se que, diferentemente dos demais artigos da LGPD que já estão em vigor, as sanções administrativas previstas nesse artigo, bem como os arts. 53 e 54, passaram a vigorar a partir de 1º de agosto de 2021.

Art. 53. A autoridade nacional definirá, por meio de regulamento próprio sobre sanções administrativas a infrações a esta Lei, que deverá ser objeto de consulta pública, as metodologias que orientarão o cálculo do valor-base das sanções de multa.

§ 1º As metodologias a que se refere o *caput* deste artigo devem ser previamente publicadas, para ciência dos agentes de tratamento, e devem apresentar objetivamente as formas e dosimetrias para o cálculo do valor-base das sanções de multa, que deverão conter fundamentação detalhada de todos os seus elementos, demonstrando a observância dos critérios previstos nesta Lei.

§ 2º O regulamento de sanções e metodologias correspondentes deve estabelecer as circunstâncias e as condições para a adoção de multa simples ou diária.

Comentários

Como é possível notar em artigos anteriores, aplica-se à proteção de dados diversas leis, tais como o Marco Civil da Internet, Código de Defesa do Consumidor, dentre outras.

Desse modo, a autoridade nacional precisará uniformizar critérios e tipos de sanção por infração de maneira a se evitar o *bis in*

---

116 Para um estudo sobre os crimes de informática (eletrônicos/digitais), veja: TEIXEIRA, Tarcisio. *Direito digital e processo eletrônico*. 5. ed. São Paulo: Saraiva, 2018. p. 503 e s.

idem (repetição de uma sanção), bem como que se puna com eficácia o responsável pela infração cometida.

As multas que poderão ser aplicadas possuem valores máximos estabelecidos em lei, mas não possuem parâmetros objetivos definidos, o que também dependerá de regulamento próprio, que será editado após consulta pública.

Segundo o relatório semestral de acompanhamento da agenda regulatória da ANPD[117], o estabelecimento de normativos para aplicação do art. 52 e seguintes da LGPD, norma de fiscalização e aplicação de sanção, ainda dependem de análise jurídica e deliberação pelo Conselho Diretor da ANPD.

Art. 54. O valor da sanção de multa diária aplicável às infrações a esta Lei deve observar a gravidade da falta e a extensão do dano ou prejuízo causado e ser fundamentado pela autoridade nacional.

Parágrafo único. A intimação da sanção de multa diária deverá conter, no mínimo, a descrição da obrigação imposta, o prazo razoável e estipulado pelo órgão para o seu cumprimento e o valor da multa diária a ser aplicada pelo seu descumprimento.

Comentários

À semelhança do que ocorre em outras normas, a sanção de multa diária visa precipuamente impelir o infrator a interromper o ato irregular de modo a não causar maiores prejuízos à vítima, no caso o titular de dados.

---

117 Para maiores informações e detalhes acesse: https://www.gov.br/anpd/pt-br/assuntos/ noticias/anpd-divulga-relatorio-semestral-de-acompanhamento-da-agenda- -regulatoria#:~:text=A%20Autoridade%20Nacional%20de%20Prote%C3%A7% C3%A3o,materializar%20a%20regulamenta%C3%A7%C3%A3o%20dos%20temas. Acesso em: 11 mar. 2022.

Para que a sanção de multa diária cumpra seu imprescindível papel, a infração deve ser analisada caso a caso considerando a gravidade da falta e a extensão do dano, o que será feito de forma fundamentada pela autoridade nacional, sendo que a sua intimação deverá conter no mínimo a descrição da obrigação imposta e o prazo razoável para o seu cumprimento.

Capítulo IX
DA AUTORIDADE NACIONAL DE PROTEÇÃO DE DADOS (ANPD) E DO CONSELHO NACIONAL DE PROTEÇÃO DE DADOS PESSOAIS E DA PRIVACIDADE[118]

Seção I
Da Autoridade Nacional de Proteção de Dados (ANPD)

Art. 55. (VETADO).

Art. 55-A. Fica criada, sem aumento de despesa, a Autoridade Nacional de Proteção de Dados (ANPD), órgão da administração pública federal, integrante da Presidência da República.

§ 1º A natureza jurídica da ANPD é transitória e poderá ser transformada pelo Poder Executivo em entidade da administração pública federal indireta, submetida a regime autárquico especial e vinculada à Presidência da República.

§ 2º A avaliação quanto à transformação de que dispõe o § 1º deste artigo deverá ocorrer em até 2 (dois) anos da data da entrada em vigor da estrutura regimental da ANPD.

---

118 Mais uma vez vale esclarecer que alguns dispositivos da LGPD foram vetados pelo Presidente da República, especialmente aqueles relacionados à ANPD e ao Conselho Nacional de Proteção de Dados Pessoais e da Privacidade.
Por força dos vetos, houve a edição da Medida Provisória n. 869/2018, convertida na Lei n. 13.853/2019, que alterou a Lei n. 13.709/2018, criando assim a ANPD e o referido Conselho, sem prejuízo de outras disposições.

§ 3º O provimento dos cargos e das funções necessários à criação e à atuação da ANPD está condicionado à expressa autorização física e financeira na lei orçamentária anual e à permissão na lei de diretrizes orçamentárias.

Comentários

A Autoridade Nacional de Proteção de Dados, após muito debate, foi criada como sendo uma autoridade de natureza jurídica transitória, ou seja, em um primeiro momento ela foi um órgão da administração pública federal, vinculada à Presidência da República. Em 13 de junho de 2022, foi editada a MP n. 1.124, que transformou a autoridade nacional em uma autarquia de natureza especial, mantida a estrutura organizacional e suas competências.

O principal questionamento que foi trazido à tona durante o trâmite da Medida Provisória n. 869/2018, que originou a Lei n. 13.853/2019, foi sobre a indispensável autonomia da autoridade, sendo mister sua desvinculação com outros órgãos a fim de garantir a adequada segurança jurídica de suas decisões.

A expectativa que se tem com relação à autoridade é que ela atue de maneira diferenciada de outros órgãos semelhantes. Espera-se que ela seja moderna e dinâmica e que não paute suas ações exclusivamente em aplicar penalidades, mas em atuar de forma pragmática principalmente junto aos agentes de tratamento objetivando uma mudança efetiva de cultura quanto à proteção de dados.

A autoridade nacional, desde a publicação do seu regimento interno, em 8 de março de 2021, vem atuando de forma a normatizar e a educar agentes de tratamento e os cidadãos (titulares de dados), o que é possível se verificar pelo material que vem disponibilizando em seu sítio eletrônico, além da Agenda Regulatória, das Resolução e dos Acordos de Cooperação que vem firmando (ver item específico sobre esse tema ao final do livro).

Art. 55-B. É assegurada autonomia técnica e decisória à ANPD.

Comentários

A autonomia técnica e decisória da Autoridade é fundamental para o fortalecimento de sua atuação, que se pretende seja focada na proteção de dados e não em atender desmandos políticos e/ou interesses exclusivamente econômicos.

Art. 55-C. A ANPD é composta de:

I – Conselho Diretor, órgão máximo de direção;

II – Conselho Nacional de Proteção de Dados Pessoais e da Privacidade;

III – Corregedoria;

IV – Ouvidoria;

V – órgão de assessoramento jurídico próprio; e

VI – unidades administrativas e unidades especializadas necessárias à aplicação do disposto nesta Lei.

Comentários

A composição da Autoridade Nacional de Proteção de Dados é formada por diversos entes, o que a faz assemelhar-se a outros órgãos brasileiros de cunho administrativo.

No mais, as unidades administrativas e unidades especializadas serão essenciais à aplicabilidade da lei, possibilitando-se uma proximidade maior com a população, essencialmente em um país de dimensões continentais como o Brasil.

Art. 55-D. O Conselho Diretor da ANPD será composto de 5 (cinco) diretores, incluído o Diretor Presidente.

§ 1º Os membros do Conselho Diretor da ANPD serão escolhidos pelo Presidente da República e por ele nomeados, após aprovação pelo Senado Federal, nos termos da alínea f do inciso III do art. 52 da Constituição Federal, e ocuparão cargo em comissão do Grupo-Direção e Assessoramento Superiores – DAS, no mínimo, de nível 5.

§ 2º Os membros do Conselho Diretor serão escolhidos dentre brasileiros que tenham reputação ilibada, nível superior de educação e elevado conceito no campo de especialidade dos cargos para os quais serão nomeados.

§ 3º O mandato dos membros do Conselho Diretor será de 4 (quatro) anos.

§ 4º Os mandatos dos primeiros membros do Conselho Diretor nomeados serão de 2 (dois), de 3 (três), de 4 (quatro), de 5 (cinco) e de 6 (seis) anos, conforme estabelecido no ato de nomeação.

§ 5º Na hipótese de vacância do cargo no curso do mandato de membro do Conselho Diretor, o prazo remanescente será completado pelo sucessor.

Comentários

O primeiro Conselho Diretor da ANPD foi definido em 20 de outubro de 2020 e é composto por Waldemar Gonçalves Ortunho Junior como presidente, que terá mandato de 6 anos; Arthur Pereira Sabbat, com mandato de 5 anos; Miriam Wimmer, com mandato de 2 anos; Nairane Farias Rabelo Leitão, com mandato de 3 anos e Joacil Basilio Rael, com mandato de 4 anos[119].

---

119 Notícia veiculada em: https://www12.senado.leg.br/noticias/materias/2020/10/20/

Na composição do Conselho Diretor foi levado em conta principalmente o conhecimento de seus membros sobre a matéria, além da reputação ilibada.

Os membros do Conselho passaram por sabatina no Senado, como ocorre com os integrantes de agências reguladoras. Os conselheiros só poderão ser afastados preventivamente pelo presidente da República após processo administrativo disciplinar.

O mandato de cada membro será de 4 anos, entretanto o mandato dos primeiros membros tem duração diferenciada, conforme exposto acima, sendo que o mandato do presidente será de 6 anos.

Art. 55-E. Os membros do Conselho Diretor somente perderão seus cargos em virtude de renúncia, condenação judicial transitada em julgado ou pena de demissão decorrente de processo administrativo disciplinar.

§ 1º Nos termos do *caput* deste artigo, cabe ao Ministro de Estado Chefe da Casa Civil da Presidência da República instaurar o processo administrativo disciplinar, que será conduzido por comissão especial constituída por servidores públicos federais estáveis.

§ 2º Compete ao Presidente da República determinar o afastamento preventivo, somente quando assim recomendado pela comissão especial de que trata o § 1º deste artigo, e proferir o julgamento.

Comentários

Esse artigo visa dar ampla liberdade e autonomia aos membros do Conselho Diretor assegurando-lhe a possibilidade de deliberarem, quanto às medidas necessárias à efetividade da lei, sem estarem

senado-confirma-primeira-diretoria-da-autoridade-nacional-de-protecao-de-dados. Acesso em: 20 nov. 2020.

atrelados a decisões não técnicas, ou seja, que não guardem relação com a proteção de dados.

Art. 55-F. Aplica-se aos membros do Conselho Diretor, após o exercício do cargo, o disposto no art. 6º da Lei n. 12.813, de 16 de maio de 2013.

Parágrafo único. A infração ao disposto no *caput* deste artigo caracteriza ato de improbidade administrativa.

Comentários

O artigo em comento prevê a submissão dos membros do Conselho Diretor às regras do disposto no art. 6º da lei que dispõe sobre os conflitos de interesses no exercício de cargo ou emprego do Poder Executivo Federal e impedimentos posteriores ao exercício do cargo ou emprego.

O art. 6º da citada lei especifica as situações que configuram conflitos de interesse após o exercício do cargo no âmbito do Poder Executivo, que serão aplicáveis aos membros do Conselho Diretor.

Art. 55-G. Ato do Presidente da República disporá sobre a estrutura regimental da ANPD.

§ 1º Até a data de entrada em vigor de sua estrutura regimental, a ANPD receberá o apoio técnico e administrativo da Casa Civil da Presidência da República para o exercício de suas atividades.

§ 2º O Conselho Diretor disporá sobre o regimento interno da ANPD.

Comentários

A estrutura regimental da Autoridade Nacional de Proteção de Dados foi estipulada pelo Decreto n. 10.474, de 26 de agosto de 2020, que aprovou a Estrutura Regimental e o Quadro Demonstrativo dos Cargos em Comissão e das Funções de Confiança da Autoridade Nacional de Proteção de Dados e remanejou e transformou cargos em comissão e funções de confiança.

Em 23 de fevereiro de 2022, foi publicado o Decreto n. 10.975/2022, que alterou o Decreto n. 10.474/2020, o qual trata da estrutura organizacional da Autoridade. O novo decreto modificou a estrutura da ANPD acrescentando novos cargos, remanejando e transformando cargos em comissão e funções de confiança.

Frise-se que as normas disciplinadoras de cunho interno da ANPD foram fixadas por meio da Portaria n. 1, de 8 de março de 2021, que estabeleceu o Regimento Interno da Autoridade Nacional de Proteção de Dados[120].

Art. 55-H. Os cargos em comissão e as funções de confiança da ANPD serão remanejados de outros órgãos e entidades do Poder Executivo federal.

Comentários

Alinhando com o disposto no art. 55-A, o dispositivo aqui sob comento (art. 55-H) prevê que todos os cargos em comissão e de confiança serão redirecionados de outros órgãos, o que significa não gerar novas despesas para o Poder Executivo, já que suas remunerações já têm previsão orçamentária. Observa-se pela publicação do Decreto n. 10.474/2020 que o remanejamento já foi feito.

Art. 55-I. Os ocupantes dos cargos em comissão e das funções de confiança da ANPD serão indicados pelo Conselho Diretor e nomeados ou designados pelo Diretor-Presidente.

---

120 Disponível em: https://www.in.gov.br/en/web/dou/-/portaria-n-1-de-8-de-marco-de-2021-307463618. Acesso em: 11 mar. 2022.

Comentários

Tendo em vista a questão de limites orçamentários, os cargos em comissão e as funções de confiança, mesmo sendo remanejados de outros órgãos e entidades do Poder Executivo Federal, deverão ser indicados pelo Conselho Diretor e nomeados ou designados pelo Diretor-Presidente.

Art. 55-J. Compete à ANPD:

I – zelar pela proteção dos dados pessoais, nos termos da legislação;

II – zelar pela observância dos segredos comercial e industrial, observada a proteção de dados pessoais e do sigilo das informações quando protegido por lei ou quando a quebra do sigilo violar os fundamentos do art. 2º desta Lei;

III – elaborar diretrizes para a Política Nacional de Proteção de Dados Pessoais e da Privacidade;

IV – fiscalizar e aplicar sanções em caso de tratamento de dados realizado em descumprimento à legislação, mediante processo administrativo que assegure o contraditório, a ampla defesa e o direito de recurso;

V – apreciar petições de titular contra controlador após comprovada pelo titular a apresentação de reclamação ao controlador não solucionada no prazo estabelecido em regulamentação;

VI – promover na população o conhecimento das normas e das políticas públicas sobre proteção de dados pessoais e das medidas de segurança;

VII – promover e elaborar estudos sobre as práticas nacionais e internacionais de proteção de dados pessoais e privacidade;

VIII – estimular a adoção de padrões para serviços e produtos que facilitem o exercício de controle dos titulares sobre seus dados pessoais, os quais deverão levar em consideração as especificidades das atividades e o porte dos responsáveis;

IX – promover ações de cooperação com autoridades de proteção de dados pessoais de outros países, de natureza internacional ou transnacional;

X – dispor sobre as formas de publicidade das operações de tratamento de dados pessoais, respeitados os segredos comercial e industrial;

XI – solicitar, a qualquer momento, às entidades do poder público que realizem operações de tratamento de dados pessoais informe específico sobre o âmbito, a natureza dos dados e os demais detalhes do tratamento realizado, com a possibilidade de emitir parecer técnico complementar para garantir o cumprimento desta Lei;

XII – elaborar relatórios de gestão anuais acerca de suas atividades;

XIII – editar regulamentos e procedimentos sobre proteção de dados pessoais e privacidade, bem como sobre relatórios de impacto à proteção de dados pessoais para os casos em que o tratamento representar alto risco à garantia dos princípios gerais de proteção de dados pessoais previstos nesta Lei;

XIV – ouvir os agentes de tratamento e a sociedade em matérias de interesse relevante e prestar contas sobre suas atividades e planejamento;

XV – arrecadar e aplicar suas receitas e publicar, no relatório de gestão a que se refere o inciso XII do *caput* deste artigo, o detalhamento de suas receitas e despesas;

XVI – realizar auditorias, ou determinar sua realização, no âmbito da atividade de fiscalização de que trata o inciso IV e com a devida observância do disposto no inciso II do *caput* deste artigo, sobre o tratamento de dados pessoais efetuado pelos agentes de tratamento, incluído o poder público;

XVII – celebrar, a qualquer momento, compromisso com agentes de tratamento para eliminar irregularidade, incerteza jurídica ou situação contenciosa no âmbito de processos administrativos, de acordo com o previsto no Decreto-Lei n. 4.657, de 4 de setembro de 1942;

XVIII – editar normas, orientações e procedimentos simplificados e diferenciados, inclusive quanto aos prazos, para que microempresas e empresas de pequeno porte, bem como iniciativas empresariais de caráter incremental ou disruptivo que se autodeclarem *startups* ou empresas de inovação, possam adequar-se a esta Lei;

XIX – garantir que o tratamento de dados de idosos seja efetuado de maneira simples, clara, acessível e adequada ao seu entendimento, nos termos desta Lei e da Lei n. 10.741, de 1º de outubro de 2003 (Estatuto do Idoso);

XX – deliberar, na esfera administrativa, em caráter terminativo, sobre a interpretação desta Lei, as suas competências e os casos omissos;

XXI – comunicar às autoridades competentes as infrações penais das quais tiver conhecimento;

XXII – comunicar aos órgãos de controle interno o descumprimento do disposto nesta Lei por órgãos e entidades da administração pública federal;

XXIII – articular-se com as autoridades reguladoras públicas para exercer suas competências em setores específicos de atividades econômicas e governamentais sujeitas à regulação; e

XXIV – implementar mecanismos simplificados, inclusive por meio eletrônico, para o registro de reclamações sobre o tratamento de dados pessoais em desconformidade com esta Lei.

§ 1º Ao impor condicionantes administrativas ao tratamento de dados pessoais por agente de tratamento privado, sejam eles limites, encargos ou sujeições, a ANPD deve observar a exigência de mínima intervenção, assegurados os fundamentos, os princípios e os direitos dos titulares previstos no art. 170 da Constituição Federal e nesta Lei.

§ 2º Os regulamentos e as normas editados pela ANPD devem ser precedidos de consulta e audiência públicas, bem como de análises de impacto regulatório.

§ 3º A ANPD e os órgãos e entidades públicos responsáveis pela regulação de setores específicos da atividade econômica e governamental devem coordenar suas atividades, nas correspondentes esferas de atuação, com vistas a assegurar o cumprimento de suas atribuições com a maior eficiência e promover o adequado funcionamento dos setores regulados, conforme legislação específica, e o tratamento de dados pessoais, na forma desta Lei.

§ 4º A ANPD manterá fórum permanente de comunicação, inclusive por meio de cooperação técnica, com órgãos e entidades da administração pública responsáveis pela regulação de setores específicos da atividade econômica e governamental, a fim de facilitar as competências regulatória, fiscalizatória e punitiva da ANPD.

§ 5º No exercício das competências de que trata o *caput* deste artigo, a autoridade competente deverá zelar pela preservação do segredo empresarial e do sigilo das informações, nos termos da lei.

§ 6º As reclamações colhidas conforme o disposto no inciso V do *caput* deste artigo poderão ser analisadas de forma agregada, e as eventuais providências delas decorrentes poderão ser adotadas de forma padronizada.

Comentários

O artigo ora em comento detalha as competências da Autoridade Nacional de Proteção de Dados, que conforme já comentado, tem um papel significativo na eficácia da lei.

Em diversas oportunidades vincula-se o papel da Autoridade à preservação do segredo empresarial e do sigilo das informações, isso porque muitas vezes o exercício dos direitos dos titulares de dados poderá ir de encontro ao segredo empresarial e ao sigilo de informações.

Também o legislador se preocupou em estabelecer diferenciações quanto ao tratamento de dados pessoais de idosos de maneira a facilitar seu entendimento, em consonância com o disposto no Estatuto do Idoso.

A lei prevê um canal de comunicação direto com a sociedade, com os agentes de tratamento, assim como com outros órgãos a fim de se apurar irregularidades quanto ao tratamento de dados, o que já foi estabelecido em seu sítio eletrônico[121].

Da mesma forma, a Autoridade será o elo de comunicação com autoridades internacionais para promoção de ações de cooperação

---

121 Disponível em: https://www.gov.br/anpd/pt-br. Acesso em: 11 mar. 2022.

com enfoque na proteção de dados. Nesse aspecto, bom destacar que em 3 de novembro de 2021 a Autoridade foi aceita oficialmente como membro da Global Privacy Enforcement Network (GPEN), rede de reguladores de privacidade e proteção de dados cuja missão é melhorar a cooperação na aplicação das leis internacionais sobre o tema[122].

A Autoridade será ainda essencial à modulação da aplicabilidade da lei perante empresas levando-se em consideração seu porte e suas características, editando normas, procedimentos e regulamentos simplificados e diferenciados a depender da empresa.

Vislumbra-se através da análise das competências da Autoridade o seu papel central e amplo para atuar em favor da proteção de dados pessoais, seja fiscalizando, editando normas, sancionando e principalmente conscientizando a sociedade da relevância de se proteger dados pessoais.

Por certo, para que a Autoridade se estabeleça de maneira sólida, indispensável será não só o esforço de seus membros, mas o inevitável transcurso de tempo até que suas funções estejam bem delineadas e adequadas ao fim que se propõe.

Reafirmamos a ânsia para que a Autoridade se comporte de maneira disruptiva (quebrando paradigma) por meio uma atuação que vá além do propósito meramente sancionador, desvinculando-se da visão obsoleta da primazia da punição como propulsor de uma mudança de paradigma, para enfim exercer efetivamente o seu papel de agente propagador de lei.

---

122 Notícia disponível em: https://www.gov.br/anpd/pt-br/assuntos/noticias/anpd-e--aceita-como-membro-da-global-privacy-enforcement-network-gpen. Acesso em: 11 mar. 2022.

Por fim, em atendimento ao previsto no inciso XVIII, foi editada a Resolução CD/ANPD n. 2, de 27 de janeiro de 2022, que aprova o Regulamento de aplicação da LGPD para agentes de tratamento de pequeno porte.

Não se trata de dispensa de aplicação da LGPD, mas sim da instituição de um regime diferenciado aos "agentes de tratamento de pequeno porte", conceituados pelo art. 2º, inciso I, como: microempresas, empresas de pequeno porte, *startups*, pessoas jurídicas de direito privado, inclusive sem fins lucrativos, nos termos da legislação vigente, bem como pessoas naturais e entes privados despersonalizados que realizam tratamento de dados pessoais, assumindo obrigações típicas de controlador ou de operador.

Para fins de tratamento diferenciado, o enquadramento nessa resolução não é automático simplesmente pelo valor do faturamento (como no caso de microempresas à luz da Lei Complementar n. 123/2006; ou das *startups* nos termos da Lei Complementar n. 182/2021). Será necessário atender a outros requisitos que precisaram ser examinados no caso concreto. Há critérios gerais e específicos, bem como não poderão realizar tratamento de alto risco para os titulares, entre outras questões disciplinadas a partir do art. 3º da resolução.

Art. 55-K. A aplicação das sanções previstas nesta Lei compete exclusivamente à ANPD, e suas competências prevalecerão, no que se refere à proteção de dados pessoais, sobre as competências correlatas de outras entidades ou órgãos da administração pública.

Parágrafo único. A ANPD articulará sua atuação com outros órgãos e entidades com competências sancionatórias e normativas afetas ao tema de proteção de dados pessoais e será o órgão central de interpretação desta Lei e do estabelecimento de normas e diretrizes para a sua implementação.

Comentários

É de suma importância que a ANPD tenha a prevalência sobre outras entidades e órgãos da administração pública com competências correlatas, uma vez que por ter um caráter transversal à proteção de dados pessoais deverá ser harmonizada com diversas outras disciplinas jurídicas já existentes, como é o caso do direito do consumidor, direito do trabalho, dentre outras.

Art. 55-L. Constituem receitas da ANPD:

I – as dotações, consignadas no orçamento geral da União, os créditos especiais, os créditos adicionais, as transferências e os repasses que lhe forem conferidos;

II – as doações, os legados, as subvenções e outros recursos que lhe forem destinados;

III – os valores apurados na venda ou aluguel de bens móveis e imóveis de sua propriedade;

IV – os valores apurados em aplicações no mercado financeiro das receitas previstas neste artigo;

V – (VETADO);

VI – os recursos provenientes de acordos, convênios ou contratos celebrados com entidades, organismos ou empresas, públicos ou privados, nacionais ou internacionais;

VII – o produto da venda de publicações, material técnico, dados e informações, inclusive para fins de licitação pública.

Comentários

A previsão orçamentária da ANPD vem especificada de forma que não coincide com os valores arrecadados com as multas a serem aplicáveis por ela.

Pode-se dizer que o orçamento da ANPD tem múltiplas fontes: destinações feitas no orçamento da União, créditos diversos, valores apurados na alienação de seus bens e cobrança de emolumentos, rendimentos de aplicações financeiras, dentre outros.

Art. 56. (VETADO).

Art. 57. (VETADO).

Seção II
Do Conselho Nacional de Proteção de Dados Pessoais e da Privacidade

Art. 58. (VETADO).

Art. 58-A. O Conselho Nacional de Proteção de Dados Pessoais e da Privacidade será composto de 23 (vinte e três) representantes, titulares e suplentes, dos seguintes órgãos:

I – 5 (cinco) do Poder Executivo federal;

II – I (um) do Senado Federal;

III – I (um) da Câmara dos Deputados;

IV – I (um) do Conselho Nacional de Justiça;

V – I (um) do Conselho Nacional do Ministério Público;

VI – I (um) do Comitê Gestor da Internet no Brasil;

VII – 3 (três) de entidades da sociedade civil com atuação relacionada a proteção de dados pessoais;

VIII – 3 (três) de instituições científicas, tecnológicas e de inovação;

IX – 3 (três) de confederações sindicais representativas das categorias econômicas do setor produtivo;

X – 2 (dois) de entidades representativas do setor empresarial relacionado à área de tratamento de dados pessoais; e

XI – 2 (dois) de entidades representativas do setor laboral.

§ 1º Os representantes serão designados por ato do Presidente da República, permitida a delegação.

§ 2º Os representantes de que tratam os incisos I, II, III, IV, V e VI do *caput* deste artigo e seus suplentes serão indicados pelos titulares dos respectivos órgãos e entidades da administração pública.

§ 3º Os representantes de que tratam os incisos VII, VIII, IX, X e XI do *caput* deste artigo e seus suplentes:

I – serão indicados na forma de regulamento;

II – não poderão ser membros do Comitê Gestor da Internet no Brasil;

III – terão mandato de 2 (dois) anos, permitida I (uma) recondução.

§ 4º A participação no Conselho Nacional de Proteção de Dados Pessoais e da Privacidade será considerada prestação de serviço público relevante, não remunerada.

Comentários

O Conselho Nacional de Proteção de Dados é composto por 23 membros, com igual número de suplentes. Não haverá remuneração a tais participantes do Conselho, tendo a sua atuação basicamente voltada para o estudo e aplicação técnica da lei.

Em 8 de novembro de 2021, o Conselho realizou a sua primeira reunião ordinária, a qual tratou dos esforços para elaboração do Regimento Interno do Conselho e da aprovação do calendário de reuniões para o próximo ano, dentre outros temas[123].

Art. 58-B. Compete ao Conselho Nacional de Proteção de Dados Pessoais e da Privacidade:

I – propor diretrizes estratégicas e fornecer subsídios para a elaboração da Política Nacional de Proteção de Dados Pessoais e da Privacidade e para a atuação da ANPD;

II – elaborar relatórios anuais de avaliação da execução das ações da Política Nacional de Proteção de Dados Pessoais e da Privacidade;

III – sugerir ações a serem realizadas pela ANPD;

---

123 Notícia disponível em: https://www.gov.br/anpd/pt-br/assuntos/noticias/cnpd-realiza-1a-reuniao-ordinaria. Acesso em: 10 mar. 2022.

IV – elaborar estudos e realizar debates e audiências públicas sobre a proteção de dados pessoais e da privacidade; e

V – disseminar o conhecimento sobre a proteção de dados pessoais e da privacidade à população.

Comentários

O Conselho Nacional de Proteção de Dados auxiliará a ANPD principalmente como sendo a base de conhecimentos técnicos para sua atuação.

Sendo assim, o Conselho tem uma competência de certa forma diversificada, consistindo na proposição de diretrizes estratégicas para a elaboração da Política Nacional de Proteção de Dados Pessoais e da Privacidade, bem como para a atuação da ANPD. Além disso, competirá ao Conselho a elaboração de relatórios e estudos, a realização de debates e audiências públicas e a disseminação perante os cidadãos do conhecimento referente à proteção de dados pessoais e da privacidade à população.

Art. 59. (VETADO).

Capítulo X
DISPOSIÇÕES FINAIS E TRANSITÓRIAS

Art. 60. A Lei n. 12.965, de 23 de abril de 2014 (Marco Civil da Internet), passa a vigorar com as seguintes alterações:

"Art. 7º (...)

X – exclusão definitiva dos dados pessoais que tiver fornecido a determinada aplicação de internet, a seu requerimento, ao término da relação entre as partes, ressalvadas as hipóteses de guarda obrigatória de registros previstas nesta Lei e na que dispõe sobre a proteção de dados pessoais;" (NR)[124]

"Art. 16. (...)

II – de dados pessoais que sejam excessivos em relação à finalidade para a qual foi dado consentimento pelo seu titular, exceto nas hipóteses previstas na Lei que dispõe sobre a proteção de dados pessoais." (NR)

Comentários

Sem prejuízo de outras previsões normativas, o Marco Civil da Internet (Lei n. 12.965/2014) já previa a proteção de dados em seu art. 7º.

Desse modo, via alteração do art. 7º, X, do Marco Civil, a LGPD promoveu o acréscimo de exceções ao direito de exclusão do titular de dados além daquelas outrora previstas na lei alterada.

O mesmo raciocínio se pretendeu ao se promover a alteração do inciso II do art. 16 do Marco Civil da Internet, o qual passou a ter nova redação, incluindo-se as hipóteses da LGPD para guarda de dados pessoais.

Art. 61. A empresa estrangeira será notificada e intimada de todos os atos processuais previstos nesta Lei, independentemente de procuração ou de disposição contratual ou estatutária, na pessoa do agente ou representante ou pessoa responsável por sua filial, agência, sucursal, estabelecimento ou escritório instalado no Brasil.

Comentários

A aplicabilidade da lei, como dito anteriormente, atinge a qualquer tratamento de dado de pessoa que esteja em território

---

124 O (NR) empregado ao final de dispositivo normativo significa "nova redação".

brasileiro, não importando a sua nacionalidade, tampouco a sua residência. Basta, portanto, que esteja em solo pátrio.

Dessa forma, a empresa estrangeira que tratar dados de pessoa que esteja no Brasil sujeitar-se-á às disposições da LGPD, ficando sujeita a ser notificada e intimada de todos os atos processuais previstos na Lei, na pessoa do agente ou representante ou pessoa responsável que aqui esteja.

É preciso ter em conta que a "empresa estrangeira" aludida pelo art. 61 não é necessariamente o mesmo que "sociedade estrangeira" prevista no ordenamento jurídico brasileiro, sobretudo no Código Civil, arts. 1.134 a 1.141.

Isso porque a sociedade estrangeira depende de autorização governamental para operar no Brasil, sendo obrigada a manter, permanentemente, ao menos um representante no Brasil com poderes para resolver quaisquer questões e receber citação judicial pela sociedade[125].

Art. 62. A autoridade nacional e o Instituto Nacional de Estudos e Pesquisas Educacionais Anísio Teixeira (Inep), no âmbito de suas competências, editarão regulamentos específicos para o acesso a dados tratados pela União para o cumprimento do disposto no § 2º do art. 9º da Lei n. 9.394, de 20 de dezembro de 1996 (Lei de Diretrizes e Bases da Educação Nacional), e aos referentes ao Sistema Nacional de Avaliação da Educação Superior (Sinaes), de que trata a Lei n. 10.861, de 14 de abril de 2004.

---

125 TEIXEIRA, Tarcisio. *Direito empresarial sistematizado*: doutrina, jurisprudência e prática. 8. ed. São Paulo: Saraiva, 2019. p. 211-212.

Comentários

Inicialmente é preciso expressar que o Instituto Nacional de Estudos e Pesquisas Educacionais Anísio Teixeira (Inep) é uma autarquia federal vinculada ao Ministério da Educação com a finalidade primordial de auxiliar na formulação de políticas educacionais que possam contribuir para o desenvolvimento econômico e social do Brasil.

Dito isso, ao tratar dados visando a educação, a União deverá seguir o disposto em regulamentos a serem editados pela autoridade nacional e pelo Inep.

Ambas as leis citadas no *caput* do artigo estipulam que a União colete dados para fins educacionais, dentre eles dados pessoais de crianças e adolescentes, que demandam uma cautela maior, desta forma a fim de viabilizar o cumprimento das legislações deverá a autoridade nacional estipular de que forma será o acesso a esses dados para que a LGPD seja cumprida.

Cita-se por oportuno a demissão do presidente do Inep por defender a divulgação dos dados produzidos pelo Instituto, como avaliações e indicadores educacionais, o que exporia dados pessoais dos alunos, o que é vedado por essa lei[126].

Art. 63. A autoridade nacional estabelecerá normas sobre a adequação progressiva de bancos de dados constituídos até a data de entrada em vigor desta Lei, consideradas a complexidade das operações de tratamento e a natureza dos dados.

---

126 Notícia disponível em: https://exame.abril.com.br/brasil/diretor-do-inep-caiu-por-tentar-divulgar-dados-sigilosos-de-estudantes/. Acesso em: 17 jun. 2019.

Comentários

Os bancos de dados são ativos (bens) de empresas e de entidades governamentais, sendo que muito deles vêm sendo alimentados há anos.

Dessa maneira, com a vigência da LGPD, é necessário que a autoridade nacional estabeleça medidas progressivas de adequação para que eles sejam tidos por "lícitos" e possam assim continuar a ser utilizados e "alimentados".

Com a entrada em vigor da LGPD, pode-se dizer que a maior preocupação das empresas é o que será feito com a base de dados que já possuem, até porque a maioria delas sempre coletou e armazenou dados pessoais sem qualquer critério, com vistas a obter o maior número possível de dados de acordo com a ultrapassada premissa de que "quanto mais dados melhor".

O que se espera – ou se esperava – dos agentes de tratamento é que nesses 24 meses de adequação seus bancos de dados fossem revistos e repensados segundo o princípio da necessidade, com a eliminação de dados desnecessários e atualização da base existente. Sabe-se não ser tarefa fácil, mas é certo que com a vigência da lei as consequências de se tratar indevidamente um dado pessoal tendem a ser mais severas.

Ao contrário do que muitas empresas fizeram a partir da eficácia plena do GDPR, não será necessariamente obrigatório obter o consentimento de todos os titulares dos dados já captados, mas cada banco de dados deverá sofrer uma avaliação para que o tratamento de seus dados esteja baseado em hipóteses legais, o que demandará tempo e investimento.

A normatização pela autoridade nacional será substancial para a adequação progressiva de bancos de dados já constituídos, até

porque deverá considerar a complexidade das operações de tratamento, assim como a natureza dos dados armazenados.

Art. 64. Os direitos e princípios expressos nesta Lei não excluem
outros previstos no ordenamento jurídico pátrio relacionados à matéria ou nos tratados internacionais em que a República Federativa do
Brasil seja parte.

Comentários

Como já mencionado, embora não de forma unificada e sistêmica, já havia alguma proteção de dados na legislação brasileira,
como o Marco Civil da Internet, a Lei do Cadastro Positivo, o Código Civil, o Código Penal e, inclusive, a Constituição Federal.

À exceção do Marco Civil da Internet, que foi expressamente
alterado pelo art. 60 da LGPD, as demais legislações permanecem
em vigor, assim como os tratados internacionais que versarem
sobre o tema. Ou seja, não podemos perder de vista que, mesmo
antes da promulgação da LGPD, o Brasil já tinha outras normas de
proteção de dados, as quais continuarão vigentes e válidas se não
foram revogadas expressamente.

Mas é notório que a LGPD inova na medida em que normati-
za a proteção de dados no Brasil de maneira unificada e orgânica.

Assim, será preciso haver harmonização entre a LGPD e as
demais normas do ordenamento jurídico pátrio, tanto por parte da
autoridade nacional como pelas demais instituições judiciais e
extrajudiciais.

Art. 65. Esta Lei entra em vigor:

I – dia 28 de dezembro de 2018, quanto aos arts. 55-A, 55-B, 55-C,
55-D, 55-E, 55-F, 55-G, 55-H, 55-I, 55-J, 55-K, 55-L, 58-A e 58-B; e

I-A – dia 1º de agosto de 2021, quanto aos arts. 52, 53 e 54; (Incluído pela Lei n. 14.010, de 2020)

II – 24 (vinte e quatro) meses após a data de sua publicação, quanto aos demais artigos.

Comentários

Não temos notícia de uma *vacacio legis* (vacância da lei; tempo para a lei entrar em vigor) tão grande no Brasil. Normas de grande relevo como o Código Civil e o Código de Processo Civil tiveram um intervalo de um ano entre sua promulgação e início de vigência.

Entretanto, embora o prazo concedido para a entrada em vigor da LGPD pareça longo por demais, podemos afirmar que ainda sim foi insuficiente.

Isso porque leva tempo para que as instituições públicas e privadas, agentes da área e a sociedade como um todo adequem seus sistemas e processos para estarem em conformidade com a lei.

Não tem como ser diferente: a adequação de empresas, entidades governamentais e outros agentes de tratamento de dados demanda um investimento considerável em tecnologia e mão de obra.

Inclusive, foi esse o argumento utilizado pelo deputado federal Carlos Bezerra (MDB-MT) ao propor o projeto de lei (PL 5.762/2019)[127] que adiaria a vigência da lei para 2022, o que não foi visto com bons olhos pelos maiores entendedores do tema, pois provavelmente muitas empresas esperariam mais 2 anos para começarem a se ocupar com proteção de dados, além da inevitável descrença que recairia no Brasil perante o cenário internacional.

---

127 Informação disponível em: https://www.camara.leg.br/noticias/626827-proposta-adia-para-2022-a-vigencia-da-lei-geral-de-protecao-de-dados-pessoais/. Acesso em: 18 fev. 2020.

Estar-se-á pensando de uma mudança de cultura, de procedimentos relacionados a algo que já se encontrava enraizado no cotidiano das questões envolvendo dados pessoais. Esses dados já são tratados há muito tempo, por diversas instituições públicas e privadas. O que fica mais claro a partir de agora é que o titular dos dados, no Brasil, começa a se conscientizar que seus dados pessoais são direitos relacionados à sua personalidade. A LGPD traz não só direitos para os titulares e obrigações para os agentes de tratamento, mas também ferramentas para a defesa de seus direitos.

Na Europa, a eficácia plena do GDPR se deu em dois anos de *vacacio legis*. Isso não foi tempo suficiente para os países da União Europeia, que já possuíam a cultura da proteção de dados e legislações esparsas sobre o tema, se adequarem. Mesmo com o prazo de dois anos houve transtornos nas plataformas que tratam dados pessoais.

Não se pode "tampar o sol com a peneira", independentemente do prazo para o início da vigência da LGPD, culturalmente e em boa medida, no Brasil as instituições e as pessoas têm dificuldade com o planejamento antecipatório de modo a se adequar a tempo. Por aqui a regra é deixar tudo para a última hora, contando sempre com a benevolência alheia.

Antes da Lei n. 13.853/2019, o prazo de vacância da lei terminaria no dia 15 de fevereiro de 2020, à luz do previsto no art. 8º, § 1º, da Lei Complementar n. 95/98 (que dispõe sobre a elaboração, a redação, a alteração e a consolidação das leis), combinado com o art. 2º da Lei n. 810/49 (que define o ano civil) e, ainda, o art. 132, § 3º, do Código Civil. Desse modo, a LGPD entraria em vigor no dia subsequente à referida data; portanto, dia 16 de fevereiro de 2020[128].

---

128 Nesse sentido, ALVES, Fabricio da Mota. *Quando entrará em vigor a LGPD?* Disponí-

Entretanto, o término da *vacacio legis* passou para 15 de agosto de 2020, visto que a Lei n. 13.853/2019 acrescentou seis meses ao prazo inicialmente definido na lei (que era 15 de fevereiro de 2020). Assim, à semelhança do que aconteceu com a GDPR, a LGPD entraria em vigor após dois anos de sua promulgação, que seria no dia 16 de agosto de 2020.

Ocorre que, com a pandemia da covid/19, a Medida Provisória n. 959/2020, de autoria do Presidente da República, em seu art. 4º prorrogava a *vacatio legis* da LGPD para o dia 3 de maio de 2021. Em 25 de agosto de 2020, a Câmara dos Deputados aprovou a emenda à MP que alteraria a vigência da LGPD para o dia 31 de dezembro de 2020. Entretanto, quando a MP foi votada pelo Senado, o art. 4º foi julgado prejudicado e, assim, considerado não escrito, portanto a vigência da LGPD seria imediata, mas nos termos do que ficou esclarecido pelo próprio Senado Federal[129]:

No entanto, a LGPD não entrará em vigor imediatamente, mas somente após sanção ou veto do restante do projeto de lei de conversão, nos exatos termos do § 12 do art. 62 da Constituição Federal:

"Art. 62 (...)

§ 12. Aprovado projeto de lei de conversão alterando o texto original da medida provisória, esta manter-se-á integralmente em vigor até que seja sancionado ou vetado o projeto".

Assim, ressaltamos que a Lei Geral de Proteção de Dados [Pessoais] – LGPD só entra em vigor após a sanção ou veto dos demais dispositivos da MP n. 959/2020.

---

vel em: http://portaldaprivacidade.com.br/2018/12/28/quando-entrara-em-vigor--lgpd-2/. Acesso em: 21 jun. 2019.

129 Nota de esclarecimento disponível em: https://www12.senado.leg.br/assessoria-de--imprensa/notas/nota-de-esclarecimento-vigencia-da-lgpd. Acesso em: 22 nov. 2020.

Contudo, com a aprovação da MP n. 959/2020, em 18 de setembro de 2020, a LGPD entrou em vigor nessa data, com exceção apenas das sanções administrativas, que entraram em vigor no dia 1º de agosto de 2020, conforme Lei n. 14.010/2020.

ANEXOS

Razões do Presidente da República para os vetos à Lei n. 13.706/2018

Mensagem n. 451, de 14 de agosto de 2018.

Senhor Presidente do Senado Federal,

Comunico a Vossa Excelência que, nos termos do § 1º do art. 66 da Constituição, decidi vetar parcialmente, por contrariedade ao interesse público e inconstitucionalidade, o Projeto de Lei n. 53, de 2018 (n. 4.060/12 na Câmara dos Deputados), que "Dispõe sobre a proteção de dados pessoais e altera a Lei n. 12.965, de 23 de abril de 2014 (Marco Civil da Internet)".

Ouvido, o Ministério da Fazenda manifestou-se pelo veto ao seguinte dispositivo:

Inciso II do art. 23

"II – sejam protegidos e preservados dados pessoais de requerentes de acesso à informação, nos termos da Lei n. 12.527, de 18 de novembro de 2011 (Lei de Acesso à Informação), vedado seu compartilhamento no âmbito do Poder Público e com pessoas jurídicas de direito privado;"

Razões do veto

"O dispositivo veda o compartilhamento de dados pessoas no âmbito do Poder Público e com pessoas jurídicas de direto privado. Ocorre que o compartilhamento de informações relacionadas à pessoa natural identificada ou identificável é medida recorrente e essencial para o regular exercício de diversas atividades e políticas públicas. É o caso, por exemplo, do banco de dados da Previdência Social e do Cadastro Nacional de Informações Sociais, cujas informações são utilizadas para o reconhecimento do direito de seus beneficiários e alimentados a partir do compartilhamento de diversas bases de dados administrados por outros órgãos públicos. Ademais, algumas atividades afetas ao poder de polícia administrativa poderiam ser inviabilizadas, a exemplo de investigações no âmbito do Sistema Financeiro Nacional, dentre outras."

O Ministério da Fazenda juntamente com o Banco Central do Brasil opinou pelo veto ao dispositivo a seguir transcrito:

Inciso II do § 1º do art. 26

"II – quando houver previsão legal e a transferência for respaldada em contratos, convênios ou instrumentos congêneres;"

Razões do veto

"A redação do dispositivo exige que haja, cumulativamente, previsão legal e respaldo em contratos, convênios ou instrumentos congêneres para o compartilhamento de dados pessoais entre o Poder Público e entidades privadas. A cumulatividade da exigência estabelecida no dispositivo inviabiliza o funcionamento da Administração Pública, já que diversos procedimentos relativos à transferência de dados pessoais encontram-se detalhados em atos normativos infralegais, a exemplo do processamento da folha de pagamento dos servidores públicos em instituições financeiras privadas, a arrecadação de taxas e tributos e o pagamento de benefícios previdenciários e sociais, dentre outros."

Ouvidos, os Ministérios da Fazenda, do Planejamento, Desenvolvimento e Gestão e da Transparência e Controladoria-Geral da União manifestaram-se pelo veto ao seguinte dispositivo:

Art. 28

"Art. 28. A comunicação ou o uso compartilhado de dados pessoais entre órgãos e entidades de direito público será objeto de publicidade, nos termos do inciso I do *caput* do art. 23 desta Lei."

Razão do veto

"A publicidade irrestrita da comunicação ou do uso compartilhado de dados pessoais entre órgãos e entidades de direito público, imposta pelo dispositivo, pode tornar inviável o exercício regular de algumas ações públicas como as de fiscalização, controle e polícia administrativa."

Os Ministérios da Fazenda, da Saúde, do Planejamento, Desenvolvimento e Gestão, da Ciência, Tecnologia, Inovações e Comunicações e o Banco Central do Brasil, opinaram pelo veto aos dispositivos a seguir transcritos:

Incisos VII, VIII e IX do art. 52

"VII – suspensão parcial ou total do funcionamento do banco de dados a que se refere a infração pelo período máximo de 6 (seis) meses, prorrogável por igual período até a regularização da atividade de tratamento pelo controlador;

VIII – suspensão do exercício da atividade de tratamento dos dados pessoais a que se refere a infração pelo período máximo de 6 (seis) meses, prorrogável por igual período;

IX – proibição parcial ou total do exercício de atividades relacionadas a tratamento de dados."

Razões dos vetos

"As sanções administrativas de suspensão ou proibição do funcionamento/exercício da atividade relacionada ao tratamento de dados podem gerar insegurança aos responsáveis por essas informações, bem como impossibilitar a utilização e tratamento de bancos de dados essenciais a diversas atividades, a exemplo das aproveitadas pelas instituições financeiras, dentre outras, podendo acarretar prejuízo à estabilidade do sistema financeiro nacional."

Ouvidos, ainda, os Ministérios da Justiça, da Fazenda, da Transparência e Controladoria-Geral da União, do Planejamento, Desenvolvimento e Gestão, da Segurança Pública, da Ciência, Tecnologia, Inovações e Comunicações e o Banco Central do Brasil, manifestaram-se pelo veto aos seguintes dispositivos:

Arts. 55 ao 59

"Art. 55. É criada a Autoridade Nacional de Proteção de Dados (ANPD), integrante da administração pública federal indireta, submetida a regime autárquico especial e vinculada ao Ministério da Justiça.

§ 1º A ANPD deverá ser regida nos termos previstos na Lei n. 9.986, de 18 de julho de 2000.

§ 2º A ANPD será composta pelo Conselho Diretor, como órgão máximo, e pelo Conselho Nacional de Proteção de Dados Pessoais e da Privacidade, além das unidades especializadas para a aplicação desta Lei.

§ 3º A natureza de autarquia especial conferida à ANPD é caracterizada por independência administrativa, ausência de subordinação hierárquica, mandato fixo e estabilidade de seus dirigentes e autonomia financeira.

§ 4º O regulamento e a estrutura organizacional da ANPD serão aprovados por decreto do Presidente da República.

§ 5º O Conselho Diretor será composto por 3 (três) conselheiros e decidirá por maioria.

§ 6º O mandato dos membros do Conselho Diretor será de 4 (quatro) anos.

§ 7º Os mandatos dos primeiros membros do Conselho Diretor serão de 3 (três), 4 (quatro) e 5 (cinco) anos, a serem estabelecidos no decreto de nomeação.

§ 8º É vedado a ex-conselheiro utilizar informações privilegiadas obtidas em decorrência do cargo exercido, sob pena de incorrer em improbidade administrativa.

Art. 56. A ANPD terá as seguintes atribuições:

I – zelar pela proteção dos dados pessoais, nos termos da legislação;

II – zelar pela observância dos segredos comercial e industrial em ponderação com a proteção de dados pessoais e do sigilo das informações quando protegido por lei ou quando a quebra do sigilo violar os fundamentos do art. 2º desta Lei;

III – elaborar diretrizes para Política Nacional de Proteção de Dados Pessoais e da Privacidade;

IV – fiscalizar e aplicar sanções em caso de tratamento de dados realizado em descumprimento à legislação, mediante processo administrativo que assegure o contraditório, a ampla defesa e o direito de recurso;

V – atender petições de titular contra controlador;

VI – promover na população o conhecimento das normas e das políticas públicas sobre proteção de dados pessoais e das medidas de segurança;

VII – promover estudos sobre as práticas nacionais e internacionais de proteção de dados pessoais e privacidade;

VIII – estimular a adoção de padrões para serviços e produtos que facilitem o exercício de controle dos titulares sobre seus dados pessoais, que deverão levar em consideração as especificidades das atividades e o porte dos responsáveis;

IX – promover ações de cooperação com autoridades de proteção de dados pessoais de outros países, de natureza internacional ou transnacional;

X – dispor sobre as formas de publicidade das operações de tratamento de dados pessoais, observado o respeito aos segredos comercial e industrial;

XI – solicitar, a qualquer momento, às entidades do Poder Público que realizem operações de tratamento de dados pessoais, informe específico sobre o âmbito e a natureza dos dados e os demais detalhes do tratamento realizado, podendo emitir parecer técnico complementar para garantir o cumprimento desta Lei;

XII – elaborar relatórios de gestão anuais acerca de suas atividades;

XIII – editar regulamentos e procedimentos sobre proteção de dados pessoais e privacidade, assim como sobre relatórios de impacto à proteção de dados pessoais para os casos em que o tratamento representar alto risco para a garantia dos princípios gerais de proteção de dados pessoais previstos nesta Lei;

XIV – ouvir os agentes de tratamento e a sociedade em matérias de interesse relevante, assim como prestar contas sobre suas atividades e planejamento;

XV – arrecadar e aplicar suas receitas e publicar, no relatório de gestão a que se refere o inciso XII do *caput* deste artigo, o detalhamento de suas receitas e despesas; e

XVI – realizar ou determinar a realização de auditorias, no âmbito da atividade de fiscalização, sobre o tratamento de dados pessoais efetuado pelos agentes de tratamento, incluindo o Poder Público.

§ 1º Ao impor condicionamentos administrativos ao tratamento de dados pessoais por agente de tratamento privado, sejam eles limites, encargos ou sujeições, a ANPD deve observar a exigência de mínima intervenção, assegurados os fundamentos, os princípios e os direitos dos titulares previstos no art. 170 da Constituição Federal e nesta Lei.

§ 2º Os regulamentos e normas editados pela ANPD devem necessariamente ser precedidos de consulta e audiência públicas, bem como de análises de impacto regulatório.

Art. 57. Constituem receitas da ANPD:

I – o produto da execução da sua dívida ativa;

II – as dotações consignadas no orçamento geral da União, os créditos especiais, os créditos adicionais, as transferências e os repasses que lhe forem conferidos;

III – as doações, os legados, as subvenções e outros recursos que lhe forem destinados;

IV – os valores apurados na venda ou aluguel de bens móveis e imóveis de sua propriedade;

V – os valores apurados em aplicações no mercado financeiro das receitas previstas neste artigo;

VI – o produto da cobrança de emolumentos por serviços prestados;

VII – os recursos provenientes de acordos, convênios ou contratos celebrados com entidades, organismos ou empresas, públicos ou privados, nacionais ou internacionais;

VIII – o produto da venda de publicações, material técnico, dados e informações, inclusive para fins de licitação pública."

"Art. 58. O Conselho Nacional de Proteção de Dados Pessoais e da Privacidade será composto por 23 (vinte e três) representantes titulares, e seus suplentes, dos seguintes órgãos:

I – 6 (seis) representantes do Poder Executivo federal;

II – 1 (um) representante indicado pelo Senado Federal;

III – 1 (um) representante indicado pela Câmara dos Deputados;

IV – 1 (um) representante indicado pelo Conselho Nacional de Justiça;

V – 1 (um) representante indicado pelo Conselho Nacional do Ministério Público;

VI – 1 (um) representante indicado pelo Comitê Gestor da Internet no Brasil;

VII – 4 (quatro) representantes da sociedade civil com atuação comprovada em proteção de dados pessoais;

VIII – 4 (quatro) representantes de instituição científica, tecnológica e de inovação; e

IX – 4 (quatro) representantes de entidade representativa do setor empresarial afeto à área de tratamento de dados pessoais.

§ 1º Os representantes serão designados por ato do Presidente da República, permitida a delegação, e terão mandato de 2 (dois) anos, permitida 1 (uma) recondução.

§ 2º A participação no Conselho Nacional de Proteção de Dados Pessoais e da Privacidade será considerada atividade de relevante interesse público, não remunerada.

§ 3º Os representantes referidos nos incisos I a VI do *caput* deste artigo e seus suplentes serão indicados pelos titulares dos respectivos órgãos e entidades.

§ 4º Os representantes referidos nos incisos VII, VIII e IX do *caput* deste artigo e seus suplentes serão indicados na forma de regulamento e não poderão ser membros da entidade mencionada no inciso VI do *caput* deste artigo.

Art. 59. Compete ao Conselho Nacional de Proteção de Dados Pessoais e da Privacidade:

I – propor diretrizes estratégicas e fornecer subsídios para a elaboração da Política Nacional de Proteção de Dados Pessoais e da Privacidade e para a atuação da ANPD;

II – elaborar relatórios anuais de avaliação da execução das ações da Política Nacional de Proteção de Dados Pessoais e da Privacidade;

III – sugerir ações a serem realizadas pela ANPD;

IV – realizar estudos e debates sobre a proteção de dados pessoais e da privacidade; e

V – disseminar o conhecimento sobre proteção de dados pessoais e da privacidade à população em geral."

Razão dos vetos

"Os dispositivos incorrem em inconstitucionalidade do processo legislativo, por afronta ao art. 61, § 1º, II, *e*, cumulado com o art. 37, XIX, da Constituição."

Essas, Senhor Presidente, as razões que me levaram a vetar os dispositivos acima mencionados do projeto em causa, as quais ora submeto à elevada apreciação dos Senhores Membros do Congresso Nacional.

Razões do Presidente da República para os vetos à Lei n. 13.853/2019 (conversão da Medida Provisória n. 869/2018)

Mensagem n. 288, de 8 de julho de 2019.

Senhor Presidente do Senado Federal,

Comunico a Vossa Excelência que, nos termos do § 1º do art. 66 da Constituição, decidi vetar parcialmente, por contrariedade ao interesse público e inconstitucionalidade, o Projeto de Lei de Conversão n. 7, de 2019 (MP n. 869/2018), que "Altera a Lei n. 13.709, de 14 de agosto de 2018, para dispor sobre a proteção de dados pessoais e para criar a Autoridade Nacional de Proteção de Dados; e dá outras providências".

Ouvidos, os Ministérios da Economia, da Ciência, Tecnologia, Inovações e Comunicações, a Controladoria-Geral da União e o

221

Banco Central do Brasil manifestaram-se pelo veto ao seguinte dispositivo:

§ 3º do art. 20 da Lei n. 13.709, de 14 de agosto de 2018, alterado pelo art. 2º do projeto de lei de conversão

"§ 3º A revisão de que trata o *caput* deste artigo deverá ser realizada por pessoa natural, conforme previsto em regulamentação da autoridade nacional, que levará em consideração a natureza e o porte da entidade ou o volume de operações de tratamento de dados."

Razões do veto

"A propositura legislativa, ao dispor que toda e qualquer decisão baseada unicamente no tratamento automatizado seja suscetível de revisão humana, contraria o interesse público, tendo em vista que tal exigência inviabilizará os modelos atuais de planos de negócios de muitas empresas, notadamente das startups, bem como impacta na análise de risco de crédito e de novos modelos de negócios de instituições financeiras, gerando efeito negativo na oferta de crédito aos consumidores, tanto no que diz respeito à qualidade das garantias, ao volume de crédito contratado e à composição de preços, com reflexos, ainda, nos índices de inflação e na condução da política monetária."

Já o Ministério da Ciência, Tecnologia, Inovações e Comunicações e a Controladoria-Geral da União manifestaram-se pelo veto ao seguinte dispositivo:

Inciso IV do art. 23 da Lei n. 13.709, de 14 de agosto de 2018, alterado pelo art. 2º do projeto de lei de conversão

"IV – sejam protegidos e preservados dados pessoais de requerentes de acesso à informação, no âmbito da Lei n. 12.527, de 18 de novembro de 2011, vedado seu compartilhamento na esfera do poder público e com pessoas jurídicas de direito privado."

Razões do veto

"A propositura legislativa, ao vedar o compartilhamento de dados pessoas no âmbito do Poder Público e com pessoas jurídicas de direto privado, gera insegurança jurídica, tendo em vista que o compartilhamento de informações relacionadas à pessoa natural identificada ou identificável, que não deve ser confundido com a quebra do sigilo ou com o acesso público, é medida recorrente e essencial para o regular exercício de diversas atividades e políticas públicas. Sob este prisma, e a título de exemplos, tem-se o caso do banco de dados da Previdência Social e do Cadastro Nacional de Informações Sociais, cujas informações são utilizadas para o reconhecimento do direito de seus beneficiários e alimentados a partir do compartilhamento de diversas bases de dados administrados por outros órgãos públicos, bem como algumas atividades afetas ao poder de polícia administrativa que poderiam ser inviabilizadas no âmbito do Sistema Financeiro Nacional."

O Ministério da Economia e a Controladoria-Geral da União, solicitaram ainda, veto ao dispositivo a seguir transcrito:

§ 4º do art. 41 da Lei n. 13.709, de 14 de agosto de 2018, alterado pelo art. 2º do projeto de lei de conversão

"§ 4º Com relação ao encarregado, o qual deverá ser detentor de conhecimento jurídico-regulatório e ser apto a prestar serviços especializados em proteção de dados, além do disposto neste artigo, a autoridade regulamentará:

I – os casos em que o operador deverá indicar encarregado;

II – a indicação de um único encarregado, desde que facilitado o seu acesso, por empresas ou entidades de um mesmo grupo econômico;

III – a garantia da autonomia técnica e profissional no exercício do cargo."

Razão do veto

"A propositura legislativa, ao dispor que o encarregado seja detentor de conhecimento jurídico regulatório, contraria o interesse público, na medida em que se constitui em uma exigência com rigor excessivo que se reflete na interferência desnecessária por parte do Estado na discricionariedade para a seleção dos quadros do setor produtivo, bem como ofende direito fundamental, previsto no art. 5º, XIII, da Constituição da República, por restringir o livre exercício profissional a ponto de atingir seu núcleo essencial."

Inciso V do art. 55-L da Lei n. 13.709, de 14 de agosto de 2018, inserido pelo art. 2º do projeto de lei de conversão

"V – o produto da cobrança de emolumentos por serviços prestados;"

Razões do veto

"Ante a natureza jurídica transitória de Administração Direta da Autoridade Nacional de Proteção de Dados (ANPD), não é cabível a cobrança de emolumentos por serviços prestados para constituição de sua receita, de forma que a Autoridade deve arcar, com recursos próprios consignados no Orçamento Geral da União, com os custos inerentes à execução de suas atividades fins, sem a cobrança de taxas para o desempenho de suas competências, até sua transformação em autarquia."

Já os Ministérios da Economia, da Saúde, a Controladoria-
-Geral da União e o Banco Central do Brasil manifestaram-se pelo
veto aos seguintes dispositivos:

Incisos X, XI e XII, §§ 3º e 6º, do art. 52 da Lei n. 13.709, de 14 de agosto de 2018, alterados pelo art. 2º do projeto de lei de conversão

"X – suspensão parcial do funcionamento do banco de dados
a que se refere a infração pelo período máximo de 6 (seis) meses,
prorrogável por igual período, até a regularização da atividade de
tratamento pelo controlador;

XI – suspensão do exercício da atividade de tratamento dos
dados pessoais a que se refere a infração pelo período máximo de
6 (seis) meses, prorrogável por igual período;

XII – proibição parcial ou total do exercício de atividades relacionadas a tratamento de dados."

"§ 3º O disposto nos incisos I, IV, V, VI, X, XI e XII do *caput*
deste artigo poderá ser aplicado às entidades e aos órgãos públicos,
sem prejuízo do disposto na Lei n. 8.112, de 11 de dezembro de
1990, na Lei n. 8.429, de 2 de junho de 1992, e na Lei n. 12.527, de
18 de novembro de 2011."

"§ 6º As sanções previstas nos incisos X, XI e XII do *caput*
deste artigo serão aplicadas:

I – somente após já ter sido imposta ao menos 1 (uma) das
sanções de que tratam os incisos II, III, IV, V e VI do *caput* deste
artigo para o mesmo caso concreto; e

II – em caso de controladores submetidos a outros órgãos e
entidades com competências sancionatórias, ouvidos esses órgãos."

Razões dos vetos

"A propositura legislativa, ao prever as sanções administrativas de suspensão ou proibição do funcionamento/exercício da atividade relacionada ao tratamento de dados, gera insegurança aos responsáveis por essas informações, bem como impossibilita a utilização e tratamento de bancos de dados essenciais a diversas atividades privadas, a exemplo das aproveitadas pelas instituições financeiras, podendo acarretar prejuízo à estabilidade do sistema financeiro nacional, bem como a entes públicos, com potencial de afetar a continuidade de serviços públicos."

Essas, Senhor Presidente, as razões que me levaram a vetar os dispositivos acima mencionados do projeto em causa, as quais ora submeto à elevada apreciação dos Senhores Membros do Congresso Nacional.

MODELOS[1]

Termo de privacidade e consentimento livre e esclarecido[2] (*template*)[3]

Caro usuário, ao utilizar esse aplicativo, alguns de seus dados pessoais serão tratados. Como forma de garantir sua privacidade

---

[1] Os modelos trazidos neste livro são meramente sugestivos, devendo sempre ser avaliado o caso concreto para sua melhor redação e adequação aos interesses dos contratantes, tendo em vista a legislação em vigor e as boas práticas de mercado.
Vale esclarecer que o teor de cada um dos documentos (modelos) pode assemelhar-se, pois têm finalidades parecidas, cabendo ao operador escolher as melhores opções de acordo com a necessidade.

[2] Esse Termo de Privacidade foi elaborado para a hipótese em que se busca o consentimento do usuário como base legal para o tratamento de dados em um aplicativo (mas também pode ser adaptado para *sites*, *blogs* e plataformas digitais em geral).
As informações coladas entre parênteses e destacadas em itálico servem para orientação de quem irá elaborar o seu próprio Termo de Privacidade, devendo adaptá-las conforme as especificações de seu produto ou serviço; ou mesmo conforme as alterações que sobrevier na legislação.

[3] *Template* consiste num documento de conteúdo com instruções sobre como, o que e onde utilizar.

enquanto titular dos dados, a seguir, será detalhado como será realizado esse tratamento de dados.

Ao final deste termo, ciente de todas as implicações possíveis que decorrerão do tratamento de seus dados pessoais, você estará apto a fornecer o seu consentimento, nos termos do art. 7º, I, da Lei n. 13.709/2018 (Lei Geral da Proteção de Dados Pessoais).

Seguem detalhadas abaixo, por tópicos, todas as informações referentes ao tratamento de dados do usuário:

1. Finalidade específica do tratamento dos dados pessoais coletados

O presente aplicativo coleta os seguintes dados de seus usuários: (*especificar todos os dados pessoais coletados. Poderá ser feito por categorias, como exemplo: 1. Informações pessoais – finalidade; 2. Informações de visitação – finalidade etc. Toda finalidade deverá ser específica para o dado pessoal informado*).

Será coletada uma foto (*selfie*) e ou impressão digital do usuário para a sua correta identificação com o objetivo de garantir a segurança do usuário, bem como para a prevenção de fraudes e quaisquer outros tipos de uso incorreto de dados por terceiros[4].

Esses dados pessoais poderão ser utilizados para (*detalhar todas as possibilidades de tratamento dos dados pessoais coletados, como, por exemplo: contatar o usuário para oferta de produtos/serviço de seu interesse e que estejam diretamente relacionados com a utilização desse aplicativo*).

---

4   Observação: a *selfie* e a impressão digital são dados pessoais sensíveis, assim esse parágrafo deve estar em destaque (negritado) para o caso de produtos/serviços que coletem dados pessoais sensíveis como: fotos, digitais etc. No caso em questão, por ser para a prevenção de fraudes e garantia da segurança do usuário, enquadrar-se-ia na hipótese do art. 11, II, g, da Lei n. 13.709/2018, por isso dispensa-se o consentimento.

Além dos dados pessoais informados acima o aplicativo poderá coletar dados por outros meios como por *cookies* (definição abaixo). Qualquer uso de *cookies* ou mesmo de outras ferramentas de rastreamento pelo aplicativo servem para identificar os usuários e lembrar as suas preferências, com o único propósito de fornecer os serviços requeridos por eles.

O não fornecimento de determinados dados pessoais pode tornar impossível para este aplicativo prestar os seus serviços, uma vez que seu fim precípuo é (*estipular a finalidade do aplicativo/ produto ou serviço que será oferecido. À luz do art. 9º, § 3º, Lei n. 13.709/2018*).

a) Contato com o usuário – oferecimento de serviços/descontos/promoções – ações de *marketing* via *e-mail* fornecido pelo usuário

Ao fornecer o endereço de *e-mail* para cadastro no aplicativo o usuário será adicionado à lista de contatos para envio de mensagens com informações comerciais ou promocionais sobre este aplicativo com oferecimento de serviços, descontos ou promoções que se relacionem especificamente ao produto/serviço oferecido.

Os dados pessoais coletados não serão compartilhados com terceiros para fins de *marketing*/promoções/descontos sem o prévio consentimento do usuário.

b) Informações adicionais sobre a coleta e processamento de dados

1. Os dados pessoais dos usuários podem ser utilizados para fins jurídicos pelo controlador de dados quando demandado em juízo ou quando necessário para ajuizamento de possível ação jurídica decorrente de uso indevido deste serviço ou de serviços a ele relacionados.

2. O controlador dos dados poderá ainda revelar os dados pessoais mediante solicitação do Poder Público ou para cumprimento de obrigação legal.

3. Os dados pessoais poderão ser compartilhados para estabelecer, exercer ou defender nossos direitos legais (incluindo o fornecimento de informações a terceiros para fins de prevenção de fraudes e redução do risco de crédito).

c) Informações adicionais

Além das informações contidas neste Termo de Privacidade, este aplicativo poderá fornecer ao usuário informações adicionais e contextuais sobre os serviços específicos ou a coleta e processamento de dados pessoais mediante solicitação de seu consentimento prévio.

d) Manutenção do aplicativo

O presente aplicativo e quaisquer serviços de terceiros poderão coletar arquivos que gravam a interação com este aplicativo (*logs/ registros do sistema*) ou outros dados pessoais, tais como o endereço IP (endereço de protocolo de internet que identifica um computador) ou ID (identidade) do usuário, para manutenção do aparelho ou outra forma de operação que se faça necessária à sua atualização e funcionamento.

2. Forma e duração do tratamento

Os dados coletados serão tratados enquanto perdurar o serviço/produto oferecido.

O controlador de dados adotará todas as medidas de segurança necessárias para impedir o acesso não autorizado, divulgação, alteração ou destruição não autorizada dos dados.

O processamento de dados é realizado utilizando computadores e/ou ferramentas de TI (Tecnologia da Informação) habilitadas, seguindo procedimentos organizacionais e meios estritamente relacionados aos fins indicados.

3. Identificação e informações de contato do controlador

O controlador desse aplicativo é (*especificar o nome da empresa responsável pelo fornecimento do serviço/produto*), que poderá ser contatada pelo *e-mail* (*sendo cabível adicionar contas em redes sociais, endereço físico e/ou telefone*).

4. Compartilhamento de dados do usuário e a finalidade

O controlador poderá compartilhar os dados coletados (*especificar dados pessoais coletados, bem como informar quem serão as pessoas que terão acesso aos dados – os processadores*).

As fotos (*selfies*) ou impressões digitais coletadas não serão compartilhadas em nenhuma hipótese, servindo tão somente para evitar fraudes.

O controlador é responsável pelos dados compartilhados, assim como os (*especificar os processadores*), que somente utilizarão os dados para a(s) finalidade(s) já informada(s) desde que haja o consentimento prévio do usuário.

Além do controlador de dados, em alguns casos, os dados poderão ser acessados por outras pessoas envolvidas na operação do aplicativo no âmbito interno da empresa (como, por exemplo, administração, vendas, *marketing*, jurídico, sistema) ou pessoas externas (como, por exemplo, fornecedores terceirizados de serviços técnicos, entregadores/carteiros, provedores de serviços de internet, empresas de Tecnologia da Informação, agências de comunicação) nomeadas, quando necessário, como processadores de dados, o que será feito mediante contratação específica entre estes e o controlador assegurando-se a privacidade do usuário. A lista atualizada destas partes poderá ser solicitada ao controlador a qualquer momento mediante requisição do teor dos contatos fornecidos acima, desde que não atente a questões sigilosas e/ou de segredo empresarial.

5. Dos direitos do titular

Em atendimento ao previsto no art. 18 da Lei n. 13.709/2018, o titular de dados pessoais coletados pelo controlador via este aplicativo poderá, a qualquer momento e mediante requisição obter:

I – confirmação da existência de tratamento;

II – acesso aos dados;

III – correção de dados incompletos, inexatos ou desatualizados;

IV – anonimização, bloqueio ou eliminação de dados desnecessários, excessivos ou tratados em desconformidade com o disposto na legislação vigente;

V – portabilidade dos dados a outro fornecedor de serviço ou produto, mediante requisição expressa e resguardados os segredos comercial e industrial, de acordo com a regulamentação do órgão controlador;

VI – eliminação dos dados pessoais tratados com o consentimento do titular, exceto nas hipóteses previstas no art. 16 Lei n. 13.709/2018;

VII – informação das entidades públicas e privadas com as quais o controlador realizou uso compartilhado de dados;

VIII – informação sobre a possibilidade de não fornecer consentimento e sobre as consequências da negativa;

IX – revogação do consentimento, nos termos do § 5º do art. 8º da Lei n. 13.709/2018.

6. Alterações no Termo de Privacidade

O controlador de dados poderá efetuar alterações neste Termo de Privacidade a qualquer momento, o que será feito mediante comunicação aos usuários nesta página, sendo-lhes requerido novo consentimento. Recomenda-se fortemente que o Termo de Privacidade seja consultado com frequência. Em caso de discordância com qualquer das alterações introduzidas pelo controlador, o usuário deve cessar o uso deste serviço (este aplicativo) solicitando ao controlador a exclusão de seus dados pessoais.

7. Definições e referências jurídicas

Dados (ou dados pessoais): são as informações relativas a uma pessoa natural identificada ou identificável, ou seja, dados, que mesmo indiretamente, possam levar a identificação de um único só indivíduo.

Dados de uso: quaisquer informações coletadas automaticamente a partir deste serviço (ou serviços de terceiros contratados neste serviço, que podem incluir, mas não se limitam a: endereços IP's ou identificações dos computadores (*smartphones*, *tablets* etc.) utilizados pelos usuários que utilizam este aplicativo, endereços URI (Identificador Uniforme de Recurso), a data e hora do pedido, o método utilizado para submeter o pedido ao servidor, o tamanho do arquivo recebido em resposta, o código numérico que indica o *status* do servidor de resposta (resultado positivo, erro etc.), o país de origem, as características do navegador e do sistema operacional utilizado pelo usuário, os vários detalhes de tempo por visita (por exemplo, o tempo gasto em cada página dentro do aplicativo) e os detalhes sobre o caminho seguido dentro da aplicação, com especial referência à sequência de páginas visitadas e outros parâmetros sobre o sistema operacional do dispositivo e/ou ambiente de TI do usuário.

Consentimento livre e esclarecido: manifestação espontânea, informada e inequívoca pela qual o titular concorda com o tratamento de seus dados pessoais para uma finalidade determinada.

Usuário: a pessoa que usa este aplicativo, podendo coincidir com o titular dos dados; ou ser a pessoa legalmente responsável/autorizada pelo titular dos dados que estão sendo tratados, como no caso de menores de idade.

Titular dos dados: a pessoa natural a quem se referem os dados pessoais que são objeto de tratamento.

Processador de dados: pessoa física ou jurídica, administração pública ou qualquer outro órgão, associação ou organização autorizada pelo controlador de dados para o processamento dos dados pessoais em conformidade com este Termo de Privacidade.

Controlador de dados: a pessoa natural ou jurídica, de direito público ou privado, a quem competem as decisões referentes ao tratamento de dados pessoais.

O controlador de dados, a menos que seja especificado de outra forma, é o proprietário do serviço deste aplicativo.

Cookies: São pequenos "arquivos" de textos gravados pelo *browser* (navegador) no aparelho do usuário, visando guardar alguns dados (nomes, *logins*, senhas, preferências etc.) para que o internauta não precise digitar novamente quando voltar ao aplicativo (*site, blog* ou plataforma digital), bem como objetivam fazer o direcionamento dos anúncios, considerando o interesse e o comportamento do usuário.

8. Disposições finais e Consentimento Livre e Esclarecido

Assim, ciente de todas as implicações possíveis que decorrerão do tratamento de seus dados pessoais, ao prosseguir clicando no botão "concordo" (*ou dizer equivalente*) o usuário estará fornecendo seu consentimento livre e esclarecido para o tratamento de seus dados pessoais tendo em vista as finalidades especificadas neste Termo de Privacidade.

Contudo, este Termo de Privacidade foi elaborado em conformidade com o previsto na Lei Geral de Proteção de Dados de Pessoais – Lei n. 13.709/2018, que entrará em vigor em 16 de agosto de 2020[5].

---

5   Ao final (ou no início), é importante fazer constar a data da última atualização do Termo de Privacidade.

Política de Privacidade

Última atualização: [**Sempre informar a data da última atualização**]

A empresa XXXX, com sede na XXXX, presta serviços de XXXX.

Para atender aos compromissos de segurança da informação, proteção e privacidade, desenvolvemos esta Política de Privacidade ("Política") que descreve como tratamos os dados pessoais.

Este documento pode ser alterado a qualquer tempo, mediante atualização no topo da página. Recomendamos que os usuários revejam a Política de Privacidade sempre que visitarem o site.

1. O que preciso saber para entender esta Política?

Para facilitar a sua leitura, apresentamos as seguintes definições:

- Dados pessoais: informações que identificam ou possam identificar uma pessoa física, como por exemplo: nome, RG, CPF, endereço, telefone, *e-mail*, entre outros;

- Tratamento: atividades realizadas com os dados pessoais, tais como coletar, acessar, analisar, transferir, armazenar, compartilhar, eliminar etc.;

- Titular: a pessoa natural a quem se referem os dados pessoais, como por exemplo: colaboradores, prestadores de serviços, pacientes ou usuários que utilizem este *site*;

- Controlador: quem decide sobre o tratamento de dados pessoais.

- Autoridade Nacional de Proteção de Dados (ANPD): órgão da Administração Pública responsável por zelar, implementar e fiscalizar o cumprimento da LGPD nas organizações que tratem dados pessoais em todo o território nacional;

- Encarregado de Dados ou DPO (Data Protection Officer): profissional indicado pelo Controlador e/ou Operador para atuar como canal de comunicação entre o Controlador, os titulares e a ANPD.

2. Quais dados pessoais coletamos e para quais objetivos?

A coleta dos dados pessoais e os respectivos objetivos vão depender de como você se relaciona com o site da empresa, conforme descrição abaixo:

Dados pessoais coletados	Finalidades
[Descrever os dados]	**[Descrever as finalidades]**

3. Ações de terceiros

Ao acessar o nosso *site*, você poderá ter acesso a *links* para *sites* e serviços *online* de terceiros, como [**citar os *sites***], que estarão sujeitos às suas próprias Políticas de Privacidade.

A empresa não é responsável pelos danos ou prejuízos causados por esses terceiros aos usuários.

4. Política de *cookies*

Os *cookies* são pequenos arquivos de texto usados para memorizar suas preferências, mapear oportunidades de melhoria, fornecer anúncios e conteúdos direcionados, dentre outras finalidades.

O *site* da empresa faz uso de *cookies* de armazenamento local, que são pastas criadas por um *site* no seu equipamento, conforme indicado abaixo:

Tipo do *cookie*   Nome   Prazo de conservação   Finalidade
[Informar ao usuário]

Esclarecemos que os *cookies* podem ser aceitos ou desabilitados pelo usuário, mediante o acesso das ferramentas fornecidas pelo navegador ou dispositivo móvel.

5. Como protegemos os dados pessoais?

A empresa leva a privacidade a sério e, por isto, não vende, compartilha, divulga ou de qualquer forma monetiza os dados pessoais dos usuários do *site*, que serão tratados para as finalidades indicadas nesta Política.

Atuamos de acordo com as melhores práticas para proteger os dados pessoais de acessos não autorizados e de situações acidentais ou ilícitas de destruição, perda, alteração, comunicação ou qualquer forma de tratamento inadequado ou ilícito.

Caso ocorra algum incidente de segurança com dados pessoais que possa causar risco ou dano relevante aos titulares, a empresa está preparada para mitigar os efeitos do incidente, bem como para comunicar os titulares e a ANPD, conforme as disposições da LGPD.

6. Quais são os direitos dos titulares e como exercê-los?

Perante a empresa, os titulares podem exercer os seguintes direitos em relação aos seus dados pessoais:

- Confirmar se seus dados pessoais são tratados;
- Acessar a integralidade dos seus dados pessoais;
- Solicitar a correção dos seus dados pessoais se eles estiverem incompletos, inexatos ou desatualizados;
- Pedir a anonimização, bloqueio ou eliminação de dados desnecessários, excessivos ou tratados de forma ilegal;
- Pedir a portabilidade dos dados a outro fornecedor de serviço ou produto (ainda depende de regulamentação da ANPD);
- Pedir a eliminação dos dados pessoais tratados com o seu consentimento;
- Saber com quem os seus dados são compartilhados;
- Saber o que pode acontecer se não der o seu consentimento, quando cabível;

- Retirar o seu consentimento, quando cabível;

- Pedir a revisão de decisões automatizadas (tomadas exclusivamente por robôs) que afetem os seus interesses.

Você pode exercer esses direitos sem custos, assim como tirar suas dúvidas sobre esta Política e as práticas nela descritas. Basta entrar em contato com o DPO da empresa, através do *e-mail*: **<*e-mail* do DPO >.**

REFERÊNCIAS

ALVES, Fabrício da Mota. Avaliação de impacto sobre a proteção de dados. In: MALDONADO, Viviane Nóbrega; BLUM, Renato Ópice. *Comentários ao GDPR*. São Paulo: Thomson Reuters Brasil, 2018.

ALVES, Fabricio da Mota. *Quando entrará em vigor a LGPD?* Disponível em: http://portaldaprivacidade.com.br/2018/12/28/quando-entrara-em-vigor-lgpd-2/. Acesso em: 21 jun. 2019.

ASSANGE, Julian. *Cypherpunks*: liberdade e o futuro da internet. Trad. de Cristina Yamagami. São Paulo: Boitempo, 2013.

BARBOSA, Bia. *Autoridade de proteção de dados está nas mãos do Congresso*. Disponível em: https://congressoemfoco.uol.com.br/opiniao/colunas/autoridade-de-protecao-de-dados-esta-nas-maos-do-congresso/ Acesso em: 10 abr. 2019.

BEÇAK, Rubens; LONGHI, João Victor Rozatti. Abertura e colaboração como fundamentos do Marco Civil da Internet. In: DE LUCCA, Newton; SIMÃO FILHO, Adalberto; LIMA, Cíntia Rosa Pereira de (Coords.). *Direito & Internet III* – Tomo I: Marco Civil da Internet (Lei n. 12.965/2014). São Paulo: Quartier Latin, 2015.

BIONI, Bruno Ricardo. *Proteção de dados pessoais*: a função e os limites do consentimento. Rio de Janeiro: Forense, 2021.

BOBBIO, Norberto. *A era dos direitos*. Trad. Carlos Nelson Coutinho; Apresentação de Celso Lafer. Rio de Janeiro: Elsevier, 2004.

BORELLI, Alessandra. O tratamento de dados de crianças no âmbito do *General Data Protection Regulation* (GDPR). In: MALDONADO, Viviane Nóbrega; BLUM, Renato Ópice. *Comentários ao GDPR*. São Paulo: Thomson Reuters Brasil, 2018.

BORELLI, Alessandra; OLIVEIRA, Caio; MENDONÇA, Helena C. F. Coelho. *Impactos da nova Lei de Proteção de Dados Pessoais nas Instituições de Ensino*. Disponível em: http://www.sieeesp.org.br/uploads/sieeesp/imagens/revista/revista_249.pdf. Acesso em: 28 maio 2019.

CHAVES, Luis Fernando Prado. Responsável pelo tratamento, subcontratante e DPO. In: MALDONADO, Viviane Nóbrega; BLUM, Renato Ópice. *Comentários ao GDPR*. São Paulo: Thomson Reuters Brasil, 2018.

DONEDA, Danilo. Princípios da proteção de dados pessoais. In: DE LUCCA, Newton; SIMÃO FILHO, Adalberto; LIMA, Cíntia Rosa Pereira de (Coords.). *Direito & Internet III* – Tomo I: Marco Civil da Internet (Lei n. 12.965/2014). São Paulo: Quartier Latin, 2015.

FURTADO, Tiago Neves. Registro das operações de tratamento de dados pessoais – *data mapping-datadiscovery*: por que é importante e como executá-lo. In: BLUM, Opice; VAINZOF, Rony; MORAES, Henrique Fabretti. *Data Protection Officer (encarregado) – Teoria e Prática de acordo com a LGPD e o GDPR*. São Paulo: Thomson Reutes Brasil, 2020.

GUTIERREZ, Andrei. Transferência internacional de dados & estratégias de desenvolvimento nacional. In: MALDONADO, Viviane Nóbrega; BLUM, Renato Ópice. *Comentários ao GDPR*. São Paulo: Thomson Reuters Brasil, 2018.

INTERNATIONAL ASSOCIATION OF PRIVACY PROFESSIONALS. *Gestão do Programa de Privacidade*: ferramentas para gerenciar a privacidade na sua organização. 2. ed. Capítulo 3.1. p. 45/46.

JIMENE, Camilla do Vale. Reflexões sobre *privacy by design* e *privacy by default*: da idealização à positivação. In: MALDONADO, Viviane Nóbrega; BLUM, Renato Ópice. *Comentários ao GDPR*. São Paulo: Thomson Reuters Brasil, 2018.

KELLY, Kevin. *Inevitável*: as 12 forças tecnológicas que mudarão nosso mundo. Trad. de Cristina Yamagami. São Paulo: HSM, 2017.

KLEE, Antonia Espíndola Longoni; MARTINS, Guilherme Magalhães. A privacidade, a proteção de dados e dos registros pessoais e a liberdade de expressão: algumas reflexões sobre o Marco Civil da Internet no Brasil (Lei n. 12.965/2014). In: DE LUCCA, Newton; SIMÃO FILHO, Adalberto; LIMA, Cíntia Rosa Pereira de (Coords.). *Direito & Internet III* – Tomo I: Marco Civil da Internet (Lei n. 12.965/2014). São Paulo: Quartier Latin, 2015.

LANCELOTTI, Renata Weingrill. Governança da internet, Marco Civil e mercado de capitais. In: DE LUCCA, Newton; SIMÃO FILHO, Adalberto; LIMA, Cíntia Rosa Pereira de (Coords.). *Direito & Internet III* – Tomo II: Marco Civil da Internet (Lei n. 12.965/2014). São Paulo: Quartier Latin, 2015.

LEONARDI, Marcel. *Tutela e privacidade na internet.* São Paulo: Saraiva, 2011.

LIMA, Caio Cesar Carvalho. Objeto, aplicação material e aplicação territorial. In: MALDONADO, Viviane Nóbrega; ÓPICE BLUM, Renato. *Comentários ao GDPR.* São Paulo: Thomson Reuters Brasil, 2018.

LIMA, Cíntia Rosa Pereira de; BIONI, Bruno Ricardo. A proteção de dados pessoais na fase de coleta: apontamentos sobre a adjetivação do consentimento implementada pelo artigo 7, incisos VIII e IX, do Marco Civil da Internet a partir da Human Computer Interaction e da Privacy by Default. In: DE LUCCA, Newton; SIMÃO FILHO, Adalberto; LIMA, Cíntia Rosa Pereira de (Coords.). *Direito & Internet III* – Tomo I: Marco Civil da Internet (Lei n. 12.965/2014). São Paulo: Quartier Latin, 2015.

MACHADO, Diego; DONEDA, Danilo. Proteção de dados pessoais e criptografia: tecnologias criptográficas entre anonimização e pseudonimização de dados. *Caderno especial:* a regulação da criptografia no direito brasileiro. Danilo Doneda (org.). São Paulo: Thomson Reuters Brasil, 2018.

MALDONADO. Viviane Nóbrega. LGPD: *Lei Geral de Proteção de Dados Pessoais:* manual de implementação. São Paulo: Thomson Reuters Brasil, 2019.

MENDES, Laura Schertel. A tutela da privacidade do consumidor na internet: uma análise à luz do Marco Civil da Internet e do Código de Defesa do Consumidor. In: DE LUCCA, Newton; SIMÃO FILHO, Adalberto; LIMA, Cíntia Rosa Pereira de (Coords.). *Direito & Internet III* – Tomo I: Marco Civil da Internet (Lei n. 12.965/2014). São Paulo: Quartier Latin, 2015.

MENDES, Laura Schertel. *Privacidade, proteção de dados e defesa do consumidor*: linhas gerais de um novo direito fundamental. São Paulo: Saraiva, 2014.

OLIVEIRA, Ricardo Alexandre de. Lei geral de proteção de dados pessoais e seus impactos no ordenamento jurídico. *Revista dos Tribunais*, v. 998, São Paulo: Thomson Reuters Brasil, dez. 2018.

OPICE BLUM, Renato; VAINZOF, Rony; MORAES, Henrique Fabretti de. *Data Protection Officer (encarregado). Teoria e prática de acordo com a LGPD e o GDPR*. São Paulo: Thomson Reuters, 2020.

PAESANI, Liliana Minardi. *Direito e internet*: liberdade de informação, privacidade e responsabilidade civil. 7. ed. São Paulo: Atlas, 2014.

PALHARES, Felipe. *Temas atuais de proteção de dados*. São Paulo: Thomson Reuters Brasil, 2020.

PINHEIRO, Patricia Peck. *Proteção de dados pessoais*: comentários à Lei n. 13.709/2018 (LGPD). São Paulo: Saraiva, 2018.

PINHEIRO, Patricia Peck. Nova Lei Brasileira de Proteção de Dados Pessoais (LGPD) e o impacto nas instituições públicas e privadas. *Revista dos Tribunais*, v. 1000, São Paulo: Thomson Reuters Brasil, fev. 2019.

REINALDO FILHO, Demócrito. *A Diretiva Europeia sobre Proteção de Dados Pessoais – uma análise de seus aspectos gerais*. Disponível em: http://www. lex.com.br/doutrina_24316822_a_diretiva_europeia_sobre_protecao_ de_dados_pessoais__uma_analise_de_seus_aspectos_gerais.aspx. Acesso em: 5 abr. 2019.

ROCHA, Henrique. Direito ao esquecimento. In: PINHEIRO, Patrícia Peck (coord.). *Direito digital aplicado 3.0*. São Paulo: Thonsom Reuters Brasil, 2018.

RUIZ, Evandro Eduardo Seron. Anonimização, pseudonimização e desanonimização de dados pessoais. In: LIMA, Cíntia Rosa Pereira de. *Comentários à Lei Geral de Proteção de dados*: Lei n. 13.709/18 com alteração da Lei n. 13.853/2019. São Paulo: Almedina, 2020.

SANTOS, Coriolano Aurélio de Almeida Camargo; CRESPO, Marcelo. *Segurança pública e dados pessoais*: algumas palavras sobre os casos FBI x Apple e Justiça x Facebook. Disponível em: https://www.migalhas.com.br/Direito

Digital/105,MI235602,91041-Seguranca+publica+e+dados+pessoais+ algumas+palavras+sobre+os+casos. Acesso em: 15 jun. 2019.

SARDETO, Patricia Eliane da Rosa. *Proteção de dados pessoais*: conhecendo e construindo uma nova realidade. Londrina, PR: Gradual, 2011.

SEGALA, Carla; VAINZOF, Rony. Privacy by design *e proteção de dados pessoais*. Disponível em: http://portaldaprivacidade.com.br/2016/07/06/privacy--by-design-e-protecao-de-dados-pessoais/. Acesso em: 19 jun. 2019.

TEIXEIRA, Tarcisio. *LGPD e e-commerce*. 2. ed. São Paulo: Saraiva, 2021.

TEIXEIRA, Tarcisio. (coord.). *Empresas e implementação da LGPD – Lei Geral de Proteção de Dados Pessoais*. Salvador: Juspodivm, 2021.

TEIXEIRA, Tarcisio. *Direito digital e processo eletrônico*. 6. ed. São Paulo: Saraiva, 2022.

TEIXEIRA, Tarcisio. *Direito empresarial sistematizado*: doutrina, jurisprudência e prática. 10. ed. São Paulo: Saraiva, 2022.

TEIXEIRA, Tarcisio. *Manual da compra e venda*: doutrina, jurisprudência e prática. 3. ed. São Paulo: Saraiva, 2018.

TEIXEIRA, Tarcisio. *O varejo* online *e a Lei Geral de Proteção de Dados Pessoais*. Disponível em: https://www.ecommercebrasil.com.br/artigos/o-varejo-online-e-a-lei-geral-de-protecao-de-dados-pessoais/. Acesso em: 10 ago. 2022.

TEIXEIRA, Tarcisio. *Os benefícios da adequação à LGPD para o seu comércio eletrônico*. Disponível em: https://www.ecommercebrasil.com.br/artigos/os-beneficios-da-adequacao-a-lgpd-para-o-seu-comercio-eletronico. Acesso em: 10 ago. 2022.

TEIXEIRA, Tarcisio; ARMELIN, Ruth Maria Guerreiro da Fonseca. Responsabilidade e ressarcimento de danos por violação às regras previstas na LGPD: um cotejamento com o CDC. In: LIMA, Cíntia Rosa Pereira de. *Comentários à Lei Geral de Proteção de Dados: Lei n. 13.709/2018, com alteração da Lei n 13.853/2019*. São Paulo: Almedina, 2020.

TEIXEIRA, Tarcisio; CHELIGA, Vinicius. *Inteligência artificial – aspectos jurídicos*. 3. ed. Salvador: Juspodivm, 2021.

TEIXEIRA, Tarcisio; LOPES, Alan Moreira; TAKADA, Thalles (Coords.). *Manual jurídico da inovação e das* startups. 3. ed. Salvador: Juspodivm, 2021.

TEIXEIRA, Tarcisio; MAGRO, Américo Ribeiro (Coords.). *Proteção de dados – fundamentos jurídicos.* 2. ed. Salvador: Juspodivm, 2021.

TEIXEIRA, Tarcisio; RODRIGUES, Carlos Alexandre. Blockchain *e Criptomoedas – aspectos jurídicos.* 2. ed. Salvador: Juspodivm, 2021.

TEIXEIRA, Tarcisio; STINGHEN, João Rodrigo (*et. al.*). *LGPD e cartórios: implementações e questões práticas.* São Paulo: Saraiva, 2021.

VAINZOF, Rony. Dados pessoais, tratamento e princípios. In: MALDONADO, Viviane Nóbrega; BLUM, Renato Ópice. *Comentários ao GDPR.* São Paulo: Thomson Reuters Brasil, 2018.